高职课程思政建设研究与实践

刘锦峰　著

合肥工业大学出版社

图书在版编目(CIP)数据

高职课程思政建设研究与实践/刘锦峰著.—合肥:合肥工业大学出版社,2022.8
ISBN 978-7-5650-5964-3

Ⅰ.①高… Ⅱ.①刘… Ⅲ.①高等职业教育—思想政治教育—研究—中国 Ⅳ.①G711

中国版本图书馆CIP数据核字(2022)第134666号

高职课程思政建设研究与实践

刘锦峰 著　　　　责任编辑 郭娟娟

出 版 合肥工业大学出版社		**版 次** 2022年8月第1版	
地 址 合肥市屯溪路193号		**印 次** 2022年8月第1次印刷	
邮 编 230009		**开 本** 710毫米×1000毫米 1/16	
电 话 人文社科出版中心:0551-62903200		**印 张** 12	
营销与储运管理中心:0551-62903198		**字 数** 209千字	
网 址 www.hfutpress.com.cn		**印 刷** 安徽联众印刷有限公司	
E-mail hfutpress@163.com		**发 行** 全国新华书店	

ISBN 978-7-5650-5964-3　　　　定价:49.00元

如果有影响阅读的印装质量问题,请与出版社营销与储运管理中心联系调换。

前　言

习近平总书记在全国高校思想政治工作会议上强调，“要坚持把立德树人作为中心环节，把思想政治工作贯穿教育教学全过程，实现全程育人、全方位育人”，提出“各类课程与思想政治理论课程同向同行，形成协同效应”。习总书记的讲话作为对全体教育工作者的嘱托，为高校完成“为党育人、为国育才”的任务指明了方向和路径。湖南外贸职业学院已有近70年办学历史，坚持“以国际视野办学，育高端商务人才”的办学理念和“诚信立身、勤奋立业”的校训，坚守“教书”与“育人”有机统一的方针，坚持以学生为中心，根据不同专业、不同课程的特点，以课程思政为载体，构建全员、全程、全课程的育人格局，充分发挥课堂教学育人主渠道的作用，践行初心使命，培育时代新人。

深入推进“课程思政”建设，需要树立系统性思维，坚持顶层设计和整体谋划，在价值导向、目标协同、动力支持等方面多维并进，充分发挥思想政治理论课在价值引领中的核心作用，要把握好高职课程思政建设的价值意蕴，遵循其理论依据、研究其主要内容，着眼现状困境，选择合适的推进方略。本书依托湖南省教育科学规划课题“高职电子商务专业群课程思政建设研究与实践”，在广泛参考借鉴的基础上，以知识管理的视角，从以下九个方面探讨高职课程思政“怎么看”“怎么办”和“怎么干”的问题。

第一章　中国传统育人思想的沿革。以春秋战国时期、汉代、魏晋南北朝时期、唐代、宋元时期、明清时期、民国时期为时间轴，梳理了中国传统育人思想的沿革。

第二章　课程思政理念的形成与研究现状。主要分析了课程思政理念形成的主要脉络和关于高职课程思政问题的研究综述。

第三章　高职课程思政建设的价值意蕴。主要分析了高职课程思政建设的现实意义和时代价值。

第四章　高职课程思政建设的理论辨析。对高职课程思政建设进行了概念界定，梳理了理论依据，分析了内涵特征，以及高职思政同向同行的逻辑关系。

第五章　高职课程思政建设的主要内容。研究了高职课程思政建设的目标定位，探讨了元素挖掘的原则和方法，以及课程思政主体的胜任力培育。

第六章　高职课程思政建设的现状分析。调查了高职课程思政建设的主要成就，理性分析了其面临的困境、政策指导和发展趋势

第七章　高职课程思政建设的推进方略。研究提出了高职课程思政建设的基本原则，以及主体责任、主要方法和重要路径。

第八章　高职课程思政建设的实践探索。从高职院校、专业群、专业等三个方面提出了方案特点和案例。

第九章　高职课程思政建设的典型案例。以具体课程为例，分析了高职课程思政建设的具体实施案例。

古语有云：人生有三不朽，即立德、立功和立言。立言就是著书立说，作者仅以本书阐释自己对课程思政的认识理解和实践经验，以期为职业教育研究和实践者提供参考。

在本书出版之际，衷心感谢湖南省教育科学规划领导小组、湖南省教育科学研究院、湖南外贸职业学院等单位对相关研究课题的资助；对所有在课题研究过程中付出智慧和辛劳的课题组全体成员，以及帮助过我的老师、同学、朋友表示深深的感谢。同时，本书参考了大量文献，对参考文献著作者，表示诚挚的谢意！

作　者

2022 年 2 月

目 录

第一章　中国传统育人思想的沿革

立德树人、教书育人，是中国特色社会主义教育事业的主旋律。要正确认识教书与育人、知识传授与价值引领之间的关系，就必须首先从教育思想的高度来辨析和解答这个问题。课程思政理念的提出与践行，首先需要迫切解决的恰恰就是教育思想的问题。为此，就让我们一起从中国的教育史出发，来寻找有益的启示和关联。

第一节　春秋战国时期：诸子百家思想的大绽放

春秋战国时期私学的发展，在中国古代教育发展的历史上占有很重要的地位。“学在官府”的旧传统被私学所冲破，整个社会也发生了一系列变化：学校不再局限于宫廷，延伸至民间；教育对象的范围不再局限于贵族，覆盖至平民；教师的讲学不再局限于固定地址，可以自由讲学；学生不再局限于固定教师，可以实现自由选择教师；教学内容不再局限于书本，开始较为广泛地联系社会现实生活。各家各派相互抗衡，又相互补充，形成了百家争鸣的盛况①。先秦时期的学术思想在这个阶段获得了长足的发展，大批人才如雨后春笋般涌现，各家各派大师也相继出现，孔子、孟子、墨子、荀子、韩非子都是享誉古今的佼佼者。春秋战国时期的私学在中国古代教育史上的贡献非常卓越，尤其以在教育理论上有突出贡献的儒家为代表。儒家后学通过《中庸》等传世书籍，对这一阶段的教育经验和教育思想进行了深入总结，对教育的作用进行了阐述，对道德教育体系进行了构建，对德育教学原则和方法进行了说明，对教师的地位加以明确，为中国古代德育教育夯实了理论基础②。

以孔子为代表的儒家思想肯定了道德教育的意义，并提出了教育的目

---

① 宋冬梅．简论春秋战国时期私学教育理念的先进性［J］．高教学刊，2017（18）：190－192+196.

② 靳浩辉，苏蓓蓓．《中庸》德育思想的逻辑体系与当代价值［J］．教育探索，2018（4）：68－72.

标是培养“德”与“才”，更进一步提出教育的终极目标是为政治、国家服务。孔子对道德教育促进个体发展、道德教育发挥的社会功能极为重视，认为治理国家不能只靠政令、法律，而要通过教育引导实现德政①。他通过“道之以政，齐之以刑，民免而无耻；道之以德，齐之以礼，有耻且格”表明：教育可以使人得到感化：教育使百姓能够守规矩，能够具有“羞耻之心”，能够形成道德信念的力量，能够实现德治的效果。而其“有教无类”的思想又同时保证了这种道德教育是全民性、普遍性的。孔子主张的教育目的是培养“士”，而“士”的标准就是“君子”或“君子儒”，是具有一定道德标准的精神贵族的理想人格，即把“君子”当作教育的培养目标。他明确提出作为一个“君子”，一要能“修养自己，保持恭敬谦逊的态度”，即要有“德”；二要有“使亲族朋友以及老百姓都得到安乐”的治国安民之术，即要有“才”。君子德才兼备，以德为主②。

以庄子为代表的道家思想强调宁静淡泊、物我两忘的人生观和道法自然的价值观。道家提出的顺应规律、顺应时势的思想，有助于我们从思想上更自觉地顺应时势，认识教育改革的必要性，从而根据社会的需要和教育发展的规律，改变传统的教育方式。庄子的教育理念是尊重个体本性的教育，不是培养出一群学习的机器，而是要挖掘受教育者的长处，倡导拓展个性的教育③；同时，庄子思想强调人的本真，启示教育应该培养人的完整的人性，而不是对人性进行束缚、扭曲、摧残。

法家思想家商鞅提倡“耕战”，非议“诗书”，排斥“礼乐”，主张“燔诗书而明法令”，以官吏“为天下师”“学读法令”，也就是焚毁文化教育载体、排斥道德思想教育、以严刑峻法管理国家。韩非发展了这些思想，提出了“明主之国无书简之文，以法为教；无先王之语，以吏为师”（《韩非子·五蠹》），即教育完全由法律执行者进行，而教育的唯一内容是法制教育；法家认为人性趋利避害，应当通过“信赏必罚”“厚赏重罚”来树立学子价值观，使其走向统治阶级预定的轨道④。法家思想剔除了学生的自我意识并否认利益教化对人的影响作用，具有一定的历史局限性，我们在借鉴其正面价值的同时应认识到其应用的独特时代背景。

---

① 高贵和．论当代中国思想道德教育对先秦儒家道德教育的借鉴［D］．合肥：安徽大学，2010：9-10.

② 宋冬梅．从《论语》看孔子“仁”的内涵及价值［J］．济宁学院学报，2017（6）：1-4.

③ 王凌皓，王睿．先秦道家的原创性教育思想探赜［J］．社会科学战线，2018（8）：228-235.

④ 刘玉香．先秦法家法治教育思想及现代价值研究［D］．济南：山东师范大学，2016：18-20.

第二节　汉代：孝德教育是德育的核心内容

汉朝以孝治国，以孝廉选官制度及儒家经典五经重点培养学子的孝悌意识。大一统国家的建立使得传统封建纲常思想代替诸子百家，开始了对人们思想上的控制。汉王朝推行“以孝治天下”，是中国历史上第一个推行此举的封建帝国，并在君主的治国方略之中纳入了孝德教育，“重孝”从刘邦起就开始推行，逐渐发展成为汉初的辅助治国思想。独尊儒术后，“以孝治天下”被汉武帝正式确立为汉王朝的治国方针和准则，这项国策在之后也得到了基本承袭。汉代德育的核心内容自然也就由孝德教育构成，主要表现在褒奖孝悌、《孝经》教育、敬老养老教育①。除此之外，汉代首创将对“孝”的评价作为选拔官员和奖赏臣子的主要参考因素，如士人举孝廉做官、孝子免除赋税等。

汉代德育的主体内容是经学教育。经学教育的属性中包含了价值观教育，尽管价值观的概念在古代还没有被提及，但价值观属性包含在经学教育内容中这一点是毋庸置疑的②。汉代教化臣民的依托是儒家经典的五经《诗》《书》《礼》《易》《春秋》，并将汉代家庭社会德育及各类学校的主体内容确定为五经。

同时，汉代治理国家的精神手段是儒家思想，对人们的思想和行为的教化也是采用儒家的思想理念和行为模式规范。

第三节　魏晋南北朝时期：传统儒家礼教的式微和再起

魏晋南北朝时期，连年战乱使得朝廷的权威性大幅下降，地方士家大族的影响力剧增，在自两汉已降的官方话语体系中，儒表法里的思想教育主旨也逐渐式微。随着儒家学说的独尊地位被打破，玄学、道教兴盛，佛教传入并迅速发展，中国的教育思想进入儒、玄、道、佛争鸣的时代。

于是从魏晋时代开始，出现了一系列有违传统教育思想的德育思潮，

① 张涛．汉代“以孝治天下”的德化作用［J］．人民论坛，2017（33）：140-142.

② 傅琳凯，王立仁．汉代德育思想初探——以经学、天人关系、封建纲常、楷模典范为内容的考察［J］．社会科学战线，2014（9）：26-30.

诸如向秀、郭象的“独化”论，主张“外不资于道，内不由于己，决然自得而独也”，全盘反对名教乃至教育本身；而阮籍则主张“以明堂为病舍，以讽诵为鬼语，以六经为芜秽，以仁义为臭腐”，主张摒弃任何教育的固定模式，“越名教而任自然”。当然，在此过程中，也有儒家名士以传统教育思想卫道者的姿态批评当时社会中“无”的主张，如《崇有论》中批评称“頠深患时俗放荡，不尊儒术，何晏、阮籍素有高名于世，口谈浮虚，不遵礼法，尸禄耽宠，仕不事事；至王衍之徒，声誉太盛，位高势重，不以物务自婴，遂相放效，风教陵迟……”这种争辩持续到了南朝时期。

随着大量少数民族涌入中原以及其迅速的汉化进程，北朝统治者“初定中原，虽日不暇给，始建都邑，便以经术为先”，孔子再次成为中华各民族的文化代表，如前秦苻坚，不但“考学生经义”，还建立官学，亲自赴之“问难五经博士”；而北魏孝文帝则以身做表，“才藻富赡，好为文章。诗赋铭颂，任性而作”，同时培养大量有相当文化教养的少数民族学者，推进其汉化过程。

由于各民族文化、思想流派的大碰撞、大讨论以及统治者服务于重塑大一统王朝的需要，教育理念上的思想合流逐渐到来。梁武帝提出“三教同源”，建立官学、私学，使得统一融合的思想再次成为教育的主旋律，为随后隋唐时代的崇儒兴儒打下了基础。

第四节　唐代：开创科举制度，兼容多元思想

经历了前朝关于教育思想的争论与交融，唐代教育的特点是以儒家思想为核心，各类思想兼容并包，并延续汉代以来的道德熏陶思想，同时利用科举制度确保国家和社会的教育需求得到贯彻。唐代思想教育重视宗教融合，唐代虽是儒释道三教并存，但儒家思想占统治地位①。唐代统治者通过推动不同思想、不同流派的论辩来发挥宗教和儒家思想的利益教化作用。在个人层面，隋唐首开科举，应试内容既有儒家经文，也有针砭时弊的策论②。模式化的考试制度让儒家思想中“修身、齐家、治国、平天下”的思想深入学子心中，唐代统治者很好地将学子的个人价值与社会价值统

① 傅琳凯，王立仁．汉代德育思想初探——以经学、天人关系、封建纲常、楷模典范为内容的考察［J］．社会科学战线，2014（9）：26-30.

② 客洪刚，谷明书．唐代的文教举措及其现代思想政治教育借鉴［J］．东北师大学报（哲学社会科学版），2016（2）：243-246.

一，从而使得教育既能满足个人利益教化，又能满足国家的要求和社会的发展。

唐代教育将教书育人与仕途通达联系在一起的纽带是科举，通过明经、明法、算学等考试科目，促进学子综合发展、全面发展[①]。唐代早期开始便重视中国传统儒家道家思想与当时国际上其他思想流派的交融，基督教、伊斯兰教、拜火教等宗教信仰与其思潮在中国都有相当规模的受众，各种思想流派在首都长安定期举行辩论，思想的开放促进了文化的绽放，使得当时的长安成为国际性的文化中心。武则天时期，朝廷对佛教的推崇使得教育系统和科举系统都遭到了不同程度的破坏，这一趋势在唐玄宗时期得到了缓解，唐玄宗二度亲临国学视察，颁布《求儒学诏》，鼓励人们读经习礼，涵养德性。

唐代教育的另一特点是推崇道家文化，唐朝执政者自称为老子的后裔，太宗以“德主刑辅”思想为指导，兼采道家的“简静”“无为”，极力讲求“明德慎罚”，以德化胜法禁，以求达到“安民立政”的目的。唐玄宗亲自为《老子五千言》作注，颁令士庶均须家藏一本[②]。唐代利用《道德经》实行全民教育，使《老子五千言》家喻户晓、老吟幼诵、士庶皆尊，奠定了坚实的民族精神文明基础，实现了国家长治久安、百业兴旺发达的目标。

第五节　宋元时期：民间书院兴起，强化伦理道德教育

宋代教育体系最大的突破在于民间书院的大规模兴起，区别于官学，宋代书院的兴建大多依托于民间筹集的资金，教学目标更突出对师生相为砥砺、学术自由、人格完善的追求，与官学以科举为目标是完全不同的，这使得教学方法、教材、培养目标的设置能够围绕修身、养德的儒家伦理道德，贯穿于人的成长过程；书院严格的考核制度使得学生以儒家道德观为准绳严格约束自己的德行，对后世产生深远影响[③]。正如任宝海、任宝玲在《借鉴宋代道德教育得失　提高德育教育的实效性》一文所言，“‘学

① 宋雅倩. 唐代科举制下的学校教育研究及其反思［D］. 西安：陕西师范大学，2018：7-12.

② 朱海. 唐玄宗《御注孝经》发微［J］. 魏晋南北朝隋唐史资料，2002（0）：99-108.

③ 杜华伟. 书院的复兴与现代转化——以同济复兴古典书院为例［J］. 大学教育科学，2017（3）：81-86+124.

为圣人’使学生自觉地把书院作为不断完善自我、实现个人终极理想的重要环境和平台，学生都能够充分表达自己的文化心态，学生有较强的归属感和继承性。‘知行合一’要求学生时时省察自己的行动，择善从之。‘将发之际’和‘已发之后’进行反省和检察，使行动严格符合道德准则的要求，不断地提高、完善，塑造‘圣人’的人格。”①

民间书院的招生条件相比于官学更为宽松，但入学后考核和管理却极为严格。书院常以考核来锻炼学生的德行，德行考核的方式一般由簿书登记制度来实施②。宋代书院一般设有德业簿、劝善归过簿等，“各斋之长纠察众友之善过而登记之，以每月朔望会讲之期呈之院长，面加劝警焉”。各地书院对于德行考核非常重视，例如江西白鹭洲书院曾要求“诸生各立日课簿，每日将用过工夫登簿内……诸生各随意见力量，但要日有日功，月不忘之。本府将不时抽签稽查”以学生能够在日常学习、生活中约束自身为主要目标，是书院监督学生、实时了解学生德行的主要方式③。

在宋元两代，德育教育一直受到官学和私学的高度重视，先立人、后成才的理念也始终贯穿于人才的培养过程中，德育教育始终都是非常重要的教育内容，无论是官学、私学、蒙学，还是专科职业教育。宋代教育体制的各个方面、各个阶段的教学计划和培养目标中很好地渗透了德育的内容，使得当时的德育教育呈现出立体化的模式。人才培养目标处处体现了伦理道德教育，无论学校规制、管理方法，还是校园设计、教学规范、教育手段，甚至还包括教材的编写、管理的设置和教学方法等④。

随着元代官府对书院加强管理和控制，书院的教学内容和书院教授、学正、学录等职务的任命都需要官府批准；同时，私人所建的书院斋舍若捐赠官府，常可为主人谋取一官半职，即所谓“以学舍入官”⑤。这种现象与少数民族入主中原、朝廷“大一统”的重视一起逐渐冲击着书院，尤其是私人书院的运转，为明清时期主张经世致用的朝廷主导科举教育模式埋下了伏笔。

---

① 任宝海，任宝玲．借鉴宋代道德教育得失　提高德育教育的实效性［J］．教育教学论坛，2013（22）：271-272.

② 徐春霞．试论宋代的书院管理制度［J］．兰台世界，2013（5）：142-143.

③ 常瑞琴．宋代书院德育举措及启示［J］．中国校外教育，2017（9）：4-5.

④ 王修文．解读中国古代书院德育环境及对当代高校德育的启示［J］．延安职业技术学院学报，2018（3）：32-34.

⑤ 范艳敏．应天府书院研究［D］．开封：河南大学，2013：3-4.

第六节 明清时期：倡导知行合一，崇尚经世致用

明清时期德育思想在知行观上强调知行合一，二者不可偏废，诚如王夫之所说的："知行相资以为用。惟其各有致功，而亦各有其效，故相资以互用；则与其相互，益知其必分矣。同者不相为用，资于异者乃和同而起功，此定理也。"他认为在生活实践、教育实践当中，知和行是一个相互包含、相互渗透的动态过程，不仅将知也纳入现实生活当中，而且肯定了行的重要作用。王夫之主张道德教育必须在生活实践中进行，"君子之学，力行而已"①。明清教育思想家反对那种"平日袖手谈心性，临危一死报君王"的做法，而倡导务实、和现实生活联系紧密的实学，认为万事万物、日用伦常、应事接物都可以成为德育中学者所学、教者所教的内容，从而在生活实践中体悟本心、体悟天理；反过来，再用"心"用"理"去指导生活实践②。

随着"知行合一"理念与传统的儒家忠君爱国道德精神的结合，明清教育致力于经世致用人才的培养，既立足于现实生活又有所超越，反映在人才培养上，即应试性质的八股文与实用的数学、地理知识并举，已不只限于四书、五经等儒家经典的学习。"天下兴亡，匹夫有责"，这是对当时教育思想家反思历史与现实，探求天下存亡得失之理的写照，强调培养经世致用的人才是他们共同的、鲜明的特点。黄宗羲特别强调仁义与事功的结合，重视对理想中人才的事功要求，即要求学者积极参与世事、建立实际功业，更为重要的是要有所超越，要培养人强烈的社会责任感，有"先天下之忧而忧，后天下之乐而乐"的胸怀，并不仅限于日常伦理③。但这种超越并不是盲目无视内在思想的陶冶，也并不同道德生活化相违背，而是基于现实生活背景下的、对刻板知识内容的超越，将书本内容的教化最终服务现实生活。

在这种"经世致用"思想所反映的社会风气的影响下，即使是在科举成功的人士中，也有许多人努力学习各种实用知识，使得明清时期的科技人才辈出。这种教育虽然是一种以儒家经典为主要教材、以八股文写作训

---

① 宋卓，王冬艳. 王夫之教育教学思想探微［J］. 黑龙江教育学院学报，2017（9）：28-30.

② 吴兴怀. 王阳明"知行合一"思想研究［D］. 济南：山东师范大学，2010：27-32.

③ 唐浩. 浅论黄宗羲经世致用的政治思想［D］. 太原：山西大学，2013：13-16.

练为重要特色、以科举考试为目的的应试教育，但在科技人才培养上也有其积极的一面[①]。而在针对下层群众（不参加科举考试）的蒙学教育中，《三字经》《九九算数表》等教育文本使得一般民众获得了独立地从事一般经济活动所需的读、写、算的基本能力。明清时期占据主导地位的“心学”，认定“吾心”便是宇宙，“吾心之良知”是天地万物的立法者，极高地弘扬了道德主体精神，王守仁、湛若水等人认为“三纲五常”的道德法则皆源于人的“本心”，并提出“心即理”的命题，确立道德主体性即是一切道德价值的本原和道德规范的立法者[②]。

第七节　民国时期：提出“五育并举”，强化道德训育

1912 年年初，蔡元培时任中华民国临时政府教育总长，当时发表了《对于教育方针之意见》一文，倡导“军国民教育、实利主义教育、公民道德教育”，后又增添了“世界观教育”和“美感教育”，提出“五育并举”的教育方针，该方针是对中国传统哲学的传承与发扬，为民国时期教育方针奠定了理论基础[③]。德、智、体、美要素其实已被包含在了民国教育方针中，对受教育者全面发展的思想理念已在民国政府得到了体现，民国政府的首要任务是始终坚持以道德教育为核心，将受教育者培养成具有健全人格的国民，智育和体育通过实利教育和军国民教育来引导，使教育能够在捍卫国家主权、抑制军阀政治、振兴民族经济等方面发挥出非常重要的作用[④]。这一时期，大学文科课程中注重传授、研究与发扬中国传统学科文、史、哲，并从这些中国传统学科中挖掘其德育要素；同时，音乐、美术、手工、农业等课程的地位也得到了大大提高，对学生的美感和情感教育更加关注，对课程的应用性、平民化和实践理论协同发展的特色更加注重，可见这一时期民国大学德育教育已开始了萌芽状态，已初步构建完成了德育环境[⑤]。其间，近代西方较为流行的“民主”和“科学”理

---

① 李伯重．八股之外：明清江南的教育及其对经济的影响［J］．清史研究，2004（1）：1-14.

② 薛丽丽．明清时期德育生活化及现代启示［J］．江汉大学学报（人文科学版），2010（4）：99-102.

③ 曾成栋．论蔡元培之“五育”教育观［D］．长沙：湖南师范大学，2015：14.

④ 吴洪成，樊凯．简论民国初年教育宗旨的嬗变——由“五育并举”到“四育并提”［J］．河北师范大学学报（教育科学版），2011（9）：23-29.

⑤ 刘幸幸．蔡元培德育思想对当代中国德育的启示［J］．理论观察，2016（4）：141-143.

念，开始在中国得到广泛传播，催生了新文化运动和五四运动。特别是五四运动对传统道德负面的批判推动了思想的解放，但与此同时也削弱和动摇了道德本身的权威性，学校教育面临着严峻的纪律松懈和秩序紊乱等问题①。

南京国民政府成立后不久，即宣布“军政时期”结束，“训政时期”开始，并对各级各类学校实行严格控制和管理。训育制度是国民政府的核心教育政策，也是最为持久、执行最为严格的教育管理制度，深刻影响了民国时期的教育面貌。训育的目的之一是从生活上改造学生。这一理论来自美国的教育学家杜威，其代表性教育理论是“教育即生活”“学校即社会”“从做中学”，体现了实用主义思想重实验、重实用、重行动的特征②。导师制是训育制度中非常重要的一项措施，起源于 14 世纪的英国牛津大学。在中国最早施行导师制的是美国主办的教会大学——金陵女子大学。导师制受限于国民政府的政治意图，无法得到各个追求学术自由高校的认同，在实施过程中缺乏各高校有效的配合，其政策自身也欠缺精密的考虑，不符合当时的实际状况，成效有限。1946 年 7 月，教育部决定废除大学导师制，代之以训育委员会，施行了将近十年的高校导师制自此废止③。

① 肖朗，田海洋．近代西方道德教育理论的传播与民国德育观念的变革［J］．社会科学战线，2011（7）：207-215.

② 黄克利．论民国高校的训育制度［J］．大学教育，2014（1）：25-27.

③ 艾菁．民国高校导师制实践及其失败探究［J］．江苏科技大学学报（社会科学版），2018（4）：21-26.

第二章　课程思政理念的形成与研究现状

从中国传统教育思想的沿革中，我们可以看出，中国教育思想一直非常注重培育人的“德”。它强调，要在知识学习过程中，融入道德教育，把对接社会发展和服务于巩固政权的需要作为评价人才的重要标准。中华人民共和国成立后，教育秩序迅速恢复，政治与思想教育工作也受到高度关注与重视。其间，基于对此项工作认识的不断深入，再加上教育生态的逐渐优化，关于政治与思想教育工作的提法相继过渡为思想政治工作、德育、学科德育。2016 年，全国高校思想政治工作会议召开以后，作为对学科德育理念的一种深化和拓展，课程思政被正式提出来并得以迅速推广。它对于高校坚持社会主义办学方向、确保育人工作贯穿于教育教学全过程、实现立德树人的根本要求等有着重要意义。近几年，不少专家学者对课程思政展开研究，从学理和实践两个层面深入探讨课程思政的内涵、价值与模式等问题，形成了一股研究热潮。

第一节　新中国课程思政理念的形成

中华人民共和国成立以来，思想政治教育在人才培养工作中一直都扮演着十分重要的角色。特别是随着我国各项改革事业的不断深入，高校的扩招和高等教育的迅速发展，给思想政治教育带来了新的挑战，思想政治教育的主体和载体、立足点和导向性都发生了深刻的变化。总体来看，从新中国成立后的“政治与思想教育”发展到当前的“课程思政”，大致经历了三个阶段。

一、从政治与思想教育到思想政治工作

思想政治教育工作一直受到中国共产党高度关注与重视。自 1921 年诞生以来，中国共产党始终坚持把马克思主义理论与中国实际相结合，创新和发展思想政治教育理论，一直高度重视从思想上建党。在中华人民共和国成立初期，1949 年 12 月 30 日召开的第一次全国教育工作会议上，时任

教育部副部长钱俊瑞同志就明确指出，“新区学校安顿后的主要工作，是进行政治与思想教育”。1952 年 3 月 18 日中央人民政府教育部颁发的《中学暂行规程（草案）》和《小学暂行规程（草案）》中提出：“应对学生实施智育、德育、体育、美育等全面发展的教育。”政治与思想教育不仅仅要深入中小学生，更需要面向高等院校学生。1955 年，教育部副部长刘子载在关于高等学校的政治思想教育工作问题上指出，“政治理论课程是高等学校进行经常的、系统的政治思想教育最基本的形式”。1956 年，国家基本上完成了对农业、手工业、资本主义工商业的社会主义改造。此后十年内是我国政治与思想教育工作的探索期，这一时期我国普通高等院校的政治理论课的课程设置和教学内容逐渐由以新民主主义革命理论和政策为主，转变为以社会主义革命和建设的理论和政策为主。1957 年 2 月，毛泽东在《关于正确处理人民内部矛盾的问题》的报告中指出：“我们的教育方针，应该使受教育者在德育、智育、体育几方面都得到发展，成为有社会主义觉悟的有文化的劳动者。”

20 世纪 60 年代，“思想政治工作”这一新的称谓逐渐替代了原来“政治与思想教育”的称谓。1964 年 9 月 14 日下发的《中共中央宣传部、高等教育部党组、教育部临时党组关于改进高等学校、中等学校政治理论课的意见》（中发〔64〕650 号）又明确指出：“高等学校和中等学校政治理论课的根本任务……政治理论课教师应当在自己的教学活动中，积极配合学校党、团组织对学生进行的思想政治工作。”此后，“思想政治工作”的说法一直沿用到改革开放初期。

二、从思想政治工作到德育、学科德育

改革开放之后，教育部更加重视青少年思想政治教育，开始恢复和重建政治理论课程，强调“思想政治工作要多方协作”。1978 年 4 月，《教育部办公厅关于加强高等学校马列主义理论教育的意见》指出，“马列主义理论课与政治运动、形势教育、劳动教育、政治工作等，从不同角度对学生进行马列主义思想教育。各有侧重，不宜相互代替。”1978 年 4 月 22 日，邓小平在全国教育工作会议上的讲话中提出：“培养人才有没有质量标准呢？有的。这就是毛泽东同志说的，应该使受教育者在德育、智育、体育几方面都得到发展，成为有社会主义觉悟的有文化的劳动者。”“我们要掌握和发展现代科学文化知识和各行各业的新技术、新工艺，要创造比资本主义更高的劳动生产率，把我国建设成为现代化的社会主义强国，并且在上层建筑领域最终战胜资产阶级的影响，就必须培养具有高度科学文化水平的劳动者，必须造就宏大的又红又专的工人阶级知识分子队伍。这些要求本身就是无产阶级政治的要求。”1980 年 4 月，教育部、共青团中央印发《关于加强高等学校学生思想政治工作的意见》（〔80〕教政字 004 号），文件要求，“学校的思想政治工作必须紧密结合为‘四化’培养人才这个中心来进行，决不能把思想政治工作和教学、科学研究工作对立起来或割裂开来”，“要正确理解政治工作在高等学校中的地位和作用，善于把思想教育结合教学、科研去进行，并切实解决学生在学习、生活中的一些实际问题。”1981 年 6 月，党的十一届六中全会通过的《关于建国以来党的若干历史问题的决议》指出：“要在全党大大加强对马克思主义理论的研究，对中外历史和现状的研究，对各门社会科学和自然科学的研究。要加强和改善思想政治工作，用马克思主义世界观和共产主义道德教育人民和青年，坚持德智体全面发展、又红又专、知识分子与工人农民相结合、脑力劳动与体力劳动相结合的教育方针。”

至此，高校如何加强思想政治教育工作已成为国家层面迫切想突破的重大课题。1984 年，中共中央宣传部、教育部印发《关于加强和改进高等院校马列主义理论教育的若干规定》（中宣发文〔1984〕36 号），强调“马列主义理论课和学校的日常思想政治工作是相辅相成、缺一不可的有机整体”。自此，马克思主义理论课和思想道德课组成的“两课”建设开始走向规范化。为贯彻党的十二届六中全会精神，进一步指导高校在日常教育教学过程中渗透思想政治教育工作，1987 年中共中央出台的《关于改进和加强高等学校思想政治工作的决定》（中发〔1987〕18 号）更是明确指出：“把思想政治教育与业务教学工作结合起来。要按照各个学科的特点，引导学生正确认识在校学习与今后工作之间的关系，解决好为谁服务的问题……哲学社会科学和文学艺术课程，应坚持以马克思主义为指导，努力联系我国改革和建设的实践，把思想政治教育贯穿到教学环节中去。自然科学课程的教学要注意讲述本专业在我国社会主义建设中的成就和当前要解决的重大课题。”为了更好地将思想政治教育贯穿到教学环节中去，1994 年 8 月出台的《中共中央关于进一步加强和改进学校德育工作的若干意见》（中发〔1994〕9 号）中正式提出“学校德育”和“学科德育”的概念，明确“加强马克思主义理论教育是加强和改进学校德育工作的首要任务和根本措施，要整体规划学校的德育体系”，“按照不同学科特点，促进各类学科与课程同德育的有机结合……各门课程的建设应体现社会主义的办学方向和全面发展的办学指导思想，教学大纲和教学评估标准要有正确的思想导向”，“要把德育贯穿在教育的全过程，落实在教学、管理、后勤服务的各个环节上。”1995 年，国家教委颁布的《中国普通高等学校德育大纲》进一步指出："要发挥各科教学中的德育功能，结合教学相关内容和各个环节，有机地对学生实施德育。"这是我国第一部全面系统地规范高等学校德育工作的大纲，该大纲的颁布和实施对思想政治教育的建设提出了更高的要求。此后，中共中央更加重视对中小学生以及大学生的思想政治教育在学科及课程中的渗透。2000 年 12 月 14 日，中共中央办公厅、国务院办公厅发出的《关于适应新形势进一步加强和改进中小学德育工作的意见》再次重申，"德育要寓于各学科教学之中，贯穿于教育教学的各个环节"。2004 年，中共中央、国务院下发的《关于进一步加强和改进大学生思想政治教育的意见》(中发〔2004〕16 号) 对"学科德育"理念做了系统概述，指出："高等学校各门课程都具有育人功能，所有教师都负有育人职责……要把思想政治教育融入到大学生专业学习的各个环节，渗透到教学、科研和社会服务各个方面。要深入发掘各类课程的思想政治教育资源，在传授专业知识过程中加强思想政治教育，使学生在学习科学文化知识过程中，自觉加强思想道德修养，提高政治觉悟。"

三、从学科德育到课程思政

时代在进步，社会在发展，大学生作为互联网"原住民"，呈现出个性化、多元化等各种新的特点，这就意味着思想政治工作必须及时"与时俱进"，持续"开拓创新"。因此，《国家中长期教育改革和发展规划纲要(2010—2020 年)》明确指出，要在教学的所有环节均有机渗透德育教育，而且需确保德育教育的实效性、针对性。"学科德育"的理念提出后，2005 年通过的《中共中央宣传部、教育部关于进一步加强高等学校思想政治理论课教师队伍建设的意见》明确指出，要注重高等学校思想政治理论课教育教学的方式和方法、教学效果的有效性。同年起，上海市启动实施"两纲教育"，即《上海市学生民族精神教育指导纲要》和《上海市中小学生生命教育指导纲要》，推进以"学科德育"为核心理念的课程改革，编制学科德育实施意见，整体构建大中小学德育体系，确保每一门课程都包含了德育的核心内容，确保将社会主义核心价值观作为核心内容整体、科学、有序地融合进各学科。2014 年 12 月 29 日，在第二十三次全国高等学校党的建设工作会议上，习近平总书记强调指出："办好中国特色社会主义大学，要坚持立德树人，把培育和践行社会主义核心价值观融入教书育人全过程；强化思想引领，牢牢把握高校意识形态工作领导权"。

2016 年 12 月 7 日—8 日，全国高校思想政治工作会议在北京召开，明确提出要求各门课程种好责任田、守好一段渠，与思想政治理论课同向同行。2017 年 6 月 22 日，教育部召开 2017 年高校思想政治理论课教学质量年上海调研片会暨高校“课程思政”现场推进会。2017 年 8 月，中共中央办公厅、国务院办公厅印发的《关于深化教育体制机制改革的意见》指出，“要健全立德树人系统化落实机制。强调要构建以社会主义核心价值观为引领的大中小幼一体化德育体系。针对不同年龄段学生，科学定位德育目标，合理设计德育内容、途径、方法，使德育层层深入、有机衔接，推进社会主义核心价值观内化于心、外化于行。”2017 年 10 月，党的十九大报告指出：“要全面贯彻党的教育方针，落实立德树人根本任务，发展素质教育，推进教育公平，培养德智体美全面发展的社会主义建设者和接班人。”2017 年 12 月，教育部党组印发《高校思想政治工作质量提升工程实施纲要》，明确指出要构建课程育人质量提升体系。大力推动以“课程思政”为目标的课堂教学改革，优化课程设置，修订专业教材，完善教学设计，加强教学管理，梳理各门专业课程所蕴含的思想政治教育元素和所承载的思想政治教育功能，融入课堂教学各环节，实现思想政治教育与知识体系教育的有机统一。可以说，该实施纲要为高校推进课程思政指明了着力点和突破口。2018 年 3 月，教育部部长陈宝生指出：“要啃下像教师思政、课程思政、网络思政这样一批‘硬骨头’，解决思政课和思想政治工作发展中的一些难点问题。”其中，就把课程思政作为“硬骨头”来啃，可见课程思政是亟待进一步破解的大课题。

第二节　关于高职课程思政问题的研究综述

自课程思政被正式提出后，很多教育工作者都对课程思政的意义、执行方法和构建策略等提出了各自的看法，梳理了课程思政的相关内涵和育人功能、构建策略，在基础理论研究和试点工作实践的基本框架等方面做了探索。

目前，高校已逐渐认可课程思政的教育观念，并开始重视课程思政的研究与实践。从公开论文的数量上看，2016 年以来，以习近平总书记在全国高校思想政治工作会议上的重要讲话为契机，如何在课堂教学中融入思想政治教育，如何使课程思政作用于高校思想政治工作，成为新的研究热点。以知网文献指数为工具进行检索，我们可以发现 2014 年和 2015 年课程思政相关文章发表量分别为 23 篇和 30 篇，而 2016 年这一数字达到 56 篇；2017 年，随着《高校思想政治工作质量提升工程实施纲要》的发布，课程思政相关研究的热度进一步上升，相关文献量为 141 篇，2018 年则达到648篇。从公开论文的研究内容来看，以2016年为分界点，早期文献对于课程思政的研究以分析归纳上海、北京等地高校开展课程思政以及类似思想政治教育方法的经验教训、提供可尝试方法为主要内容；2017年以来，学界在充分吸取已有经验的基础上，讨论的要点是课程思政的实施目的、实施路径和宏观方法；2018年开始，随着全国各地、各高校更多的一线思想政治教育工作者加入研究队伍中，相关文献主要以提出在某个具体课程或学科中融入课程思政的教学方法为主；2018年下半年以来，由于各高校纷纷建设了课程思政教育教研队伍、开设了一批践行课程思政理念的示范课程，涌现了一批讨论课程思政具体实践中的得失与改进方法的文章。这些研究成果对推动课程思政的进一步完善和成熟起到了较好的作用，但从总体上看，相关研究仍处于探索阶段。

一、聚焦课程思政的深刻内涵和育人功能

所谓课程思政，简而言之，就是要将思想政治教育贯穿于高校的所有学科、专业和课程。在深入理解课程思政深刻内涵和基本要义的基础上，高校需充分发挥课堂教学这个主渠道的作用，落实立德树人的根本任务，始终坚持社会主义办学方向，始终坚持为中国社会主义建设培养德才兼备、全面发展的人才。

（一）探讨课程思政的基本概念

课程思政其实质不是增开一门课，也不是增设一项活动，而是将高校思想政治教育融入课程教学和改革的各环节、各方面，实现立德树人、润物无声。围绕“知识传授与价值引领相结合”的课程目标，强化显性思政，细化隐性思政，构建全课程育人格局。闵辉在《课程思政与高校哲学社会科学育人功能》一文中认为，课程思政的提出旨在实现学生德智体美全面发展，其背景是各类课程之间的协同效果低下、思想政治课与其他学科课程相互割裂，虽然“大德育”的观点早有提出，但全方位、全过程育人机制与平台的建设需要更进一步的教育资源整合，以推动其他学科、课程授课教师参与到思想政治教育之中，通过发挥不同课程的育人功能，营造出同心协力的思想政治教育氛围。课程思政的特点在于思想政治理论课与其他课程同向同行、思想政治教育的概念外延化、思想政治教育突破传统单向灌输方式，实现现代化。赵继伟在《课程思政：涵义、理念、问题与对策》一文中对课程思政的内涵进行了进一步的考虑，认为“思想政治教育”中既包含了思想政治理论教育，又包含了思想政治实践教育，其中思想政治理论教育是以课堂教学为主要形式的主渠道，思想政治实践教育是以实践教学为主要形式。

（二）思考课程思政的育人体系

长期以来，高校思想政治理论课的课程体系由于过于集中在“点”“线”，一直处于一种“孤岛化”的现实困境。而基于课程思政理念的高校课程体系则是贯通不同学科和课程的功能，使得所有学科、所有专业、所有课程都深度参与高校的育人工作，不仅仅是集中在“点”“线”上，而是定位于“面”，是一次重大的创新。

课程思政育人体系使得高校思想政治教育内涵得到了丰富、外延得到了拓展，使得高校思想政治教育不再是“孤岛”，不再仅仅局限在思想政治理论课上，而是拓展至所有课程；使得文学、历史、哲学、经济、政治、生物、化学等社会科学与自然科学等都纳入了课程思政育人体系，不再仅仅局限于马克思主义理论。课程思政是在现有高校思想政治课基础上辅以隐性思政教育，即推动专业教育课程、通识教育课程的价值引领作用，以期改善高校思想政治教育资源匮乏、渠道不通畅的问题。武文菲在《建构主义理论视域下高校课程思政实效性探讨》一文中提出，课程思政的全面育人体系的实施者包括思想政治理论课教师、专业课教师、校内外专家和辅导员，实施场景包括传统思想政治理论课和各专业理论课及课程思政背景下涌现出的其他的综合素养课程。课程思政体系的构建核心在于实施者群策群力构建教学中有高度价值的“情景”，并通过“对话”“合作”实现不同育人场景之间的对接，使大学生对思想政治理论课的内涵、知识有了深刻的认知。

（三）辨析课程思政的转型功能

在新的时代背景下，高校思想政治教育需要现代化发展，这就需要课程思政推进思政教育的现代化转型。王敏在《新时期推进课程思政改革的必然选择》一文中提到，长期以来高校思想政治教育没有能够兼顾“育德”和“育才”的两者统一，课程思政能够在分方向培养的大背景下，扭转能力教育重于价值教育的不利现状，切实将“育德”融入高校全方位教育之中。闵辉在《课程思政与高校哲学社会科学育人功能》一文中提到，思想政治理论课的教育功效并不是要被课程思政所取代，或者是被弱化，而是要被进一步强化和提升，其思路和方法是激发其他所有学科、专业和课程的育人功能，形成育人合力。

（四）研究课程思政的引领作用

课程思政坚守主旋律，强调所有课程同向同行，共同引领和塑造当代大学生的价值观。思想政治理论课的主要职责是系统、全面、深入、与时俱进地开展马克思主义理论教育教学，是高校思想政治教育的主渠道；通识课等综合素养课程的主要职责是注重人文素养、人格、理想信念的培养，以文化人、涵养人心，铸就人格魅力，提升综合素质；哲学社会科学和自然科学课程作为专业课，其主要职责是将精神塑造和价值引领蕴含于具体的知识点、技术点等教育中。各类课程相辅相成，体现课程思政“知识传授与价值引领相结合”“显性教育与隐性教育同发展”的目标和导向，协同落实立德树人的根本任务。邱伟光在《课程思政的价值意蕴与生成路径》一文中认为，实施课程思政的意义，首先，在于能引导学生坚定四个自信，让教育始终服务于国家的社会主义现代化建设和改革开放，服务于中国特色社会主义可靠接班人、合格建设者的培养；其次，也在于践行“立德树人是高校立身之本”的办学理念，为应对多元文化碰撞的挑战、引导学生辨析各种不同价值观的真伪提供坚强保障，确保高校育人工作走在塑造学生良好品德、传输社会主义核心价值观的正路上。

二、探讨课程思政的构建策略

课程思政从观念、队伍、载体、内容和方法等方面对传统思想政治教育进行了一系列突破和创新。通过思想政治教育理念的创新，充分挖掘和充实各类课程的思政元素，建设思政资源，促进思想政治教育与综合素养课、专业课的深度融合，逐步扩展思想政治教育内涵及外延，实现全员育人、全过程育人的大思政局面。

（一）课程思政必须牢牢把握五个关键环节

课程是课程思政建设的基础。课程为课程思政建设提供了肥沃的土壤与养料，没有好的课程作为支撑，课程思政建设就无法生根发芽、开花结果。为此，课程思政建设的根本是尊重课程建设规律，强化课程建设管理。

思政是课程思政建设的重点。思政教育引领着课程教学朝着正确的方向前行，是课程教学的灵魂；缺乏思政教育的引领，课程教学中的价值引领就会从知识传授、能力培养中割裂出来，甚至形成激烈冲突。

教师是课程思政建设的关键。教师是落实教书育人的主体，课堂教学效果的好坏取决于教师，同时教师个人的思想品德、学识、气质、素质潜移默化、无处不在地感染和熏陶大学生的思想和行为。

院系是课程思政建设的重心。课程思政教育教学改革，应覆盖所有专业点、所有课程。教师需要对教育理念进行更新，对教学内容进行及时优化，对教学方法进行创新。基于此，高校需要及时应对教学组织、教学管理和评价方式的更新，特别是在以院为实体的制度改革下，院系要发挥积极性和主动性，建设一批有思政特色的专业课。

学生体现课程思政建设的成效。培养出更高质量的人才是学校一切教育教学活动的根本目的。因此，课程思政改革的效果取决于学生的成长成才情况，学生的成长成才才是最有说服力的检验标准。

（二）课程思政应打破课程壁垒、学段壁垒和教学模式壁垒

课程思政既是贯穿于大中小学一体化的教育理念，又是要求在所有课程中都要贯彻执行的教育理念，各门课程、各个学段的教育都要做到因地制宜。邱伟光在《课程思政的价值意蕴与生成路径》一文中认为，高校教育是分专业展开的，课程思政的推行过程中不仅要重视思想政治理论课对其他学科课程的引领作用，也要重视思想政治理论课与各学科专业教育中潜移默化的育人效应形成合力；这意味着，课程思政体系需要打破各学科之间，尤其是人文学科和自然科学学科之间的壁垒，实现各学科知识与人、与生活的多向交流关系；同时他提出课程思政的内容聚焦应做到因地制宜，如应用型高校要突出敬业精神、研究型高校要突出创新意识等，并能够结合校风校训、革命历史，让课程思政符合教书育人的客观规律，具有亲和力、感染力。卢诚在《高校思政新课程实践性教学改革的几点思考》一文中提出，为适应不同阶段学生特点，任课教师要不断探索新的教学方法和手段。课堂讲授和理论灌输依然是中学和高校思想政治理论课教学必不可少的教学方法，但高校思想政治理论课教师也应针对大学生年龄、专业特点，从充分发挥学生主体作用入手，坚持以教师为主导、学生为主体，倡导专题式教学、任务驱动式教学、互动式教学，重视锻炼学生理论联系实际的能力，鼓励学生积极参加各类社会实践活动，培养学生团队合作精神、协调创新能力，同时，还需具有独立完成任务的能力。

（三）课程思政在不同类型院校中的实施要区分重点

每门课有每门课的特点，不同类型的院校也有不同的特色，贯彻落实课程思政理念应该要有所区分，明确重点。李静在《理工院校实施课程思政教学改革的几点思考》一文中提出，专业课、思想政治理论课从来不曾割裂，每一门课在传授专业知识和专业技能的同时，都应该传递价值，要帮助学生“专业上成才”，但更要促进“思想上成人”。张晓荒在《构建适应工学结合人才培养模式的思政课程新体系》一文中认为，在工科院校，思政课程作为公共课程不受重视，存在思想政治教育与学生职业发展脱节、学生价值观塑造途径不畅的问题。适合工学人才培养模式的课程思政体系应当能够结合我国改革开放浪潮中行业发展的特点与学生专业所需的操守与规范。具体而言，首先，应该着力塑造工科学生的家国情怀，令其意识到社会主义现代化整体建设与其所在行业发展的相互作用；其次，

应该结合行业道德操守与职业精神开展课程思政教育。

（四）课程思政要准确理解综合素养教育与思想政治教育的异同

从课程体系来看，高等教育课程主要可分为思想政治理论课、综合素养课和专业课，三者间既有不同的教育任务分工，又相互联系、相互支撑（在这个问题上，不少学者常将综合素养课与通识教育课通用）。石书臣在《高校思政理论课与通识教育课程的关系探讨》一文中认为，高校通识教育与思想政治教育的根本教育目的均是促进大学生的全面发展，二者均不是以“致用”为导向的教授专业知识与一技之长的课程；但二者也各有所侧重，通识教育课程的侧重点在于加强文化素质教育、淡化意识形态教育，而思想政治教育则侧重德育教育、需要具有鲜明的政治立场。因此，在课程思政改革中应避免思想政治理论课的通识化，思想政治理论课的教育应当围绕课程教学大纲、紧贴教育实际与育人目标的需要展开。同时，高校思想政治理论课应当做到与通识教育功能互补，共同培养健全公民的完整人格，以塑造大学生的全面素质。

（五）课程思政建设要重视教师、教材、教育资源三要素

课程思政实施效果如何，很重要的一个因素就是教师。彭小兰、童建军在《德育视域中的隐性教育生成研究》中说，教师最基本的素养是道德上身先垂范、为人师表。教师的理想信念、学识观念、言行举止、品格态度等都潜移默化地影响着学生。首先，从思想层面上，教师要深刻认识到帮助学生成长、关注学生发展始终是自身的教育追求之一。其次，从行为层面上，教师要践行知行合一，成为引领学生成长的道德实践者与示范者。只有教师在道德行为与认知上保持了高度一致，才能感染学生、浸润学生心灵。教师在显性教育中发挥着价值导向的功能。邱伟光也认为课程思政生成的最核心因素在于教师，教师应扭转对传授知识的偏重，树立牢固的育人意识、具备传播价值的倾向，利用教学艺术提升课程思政的亲和力。

教材建设是育人育才的重要依托。教材的意识形态属性较强，反映了执政党、国家和社会的主流价值观。教材的建设既要兼顾知识传授，又要内隐价值观建设，在内容上要尽力避免脱离实际、在规范上要做到继承完善现有学科体系。中国科学院院士、上海交通大学原校长张杰曾在接受访问时说过，应该通过加强高校思想政治课程体系建设，认真分析社会转型期的经济社会变化对大学生的生活方式、心理结构、价值观念等造成的影响，根据大学生的身心特点、成长规律、情感需要、接受能力和个体差异，编写教材，设计课程。熊晓琳在《创新高校思想政治理论课建设体系要做到“三个必须”》一文中认为，要加强立体化教材体系建设。立体化

教材包括书本教材和网络教材、课本和辅学读物。教育部门应适时组织马克思主义理论建设工程专家编写、修订专用教材和教学用书，教材应构建马克思主义理论学术话语体系，体现出权威性；教材内容应注重对社会热点问题的探讨，对经典案例的分析，能够启发学生独立思考，体现出教材的思想性。

对思想政治教育资源的深入挖掘，是每门课践行课程思政理念的重要保证。如实操型的商科课程可以在营销、网店运营等实践环节探讨如何巧妙融入思想政治教育元素，自然科学类的课程可以挖掘知识体系以外的求知品德、爱国精神等人文精神与育人价值。卢诚在《高校思政新课程实践性教学改革的几点思考》一文中提出，在思想政治理论课新课设置实施方案中加强实践环节的教学，既能提高学生的学习积极性，又能有效解决长期困扰思想政治理论课教学中的一些难点问题，真正达到“学马列要精，要管用”的目的。同时，课程评价体系也应与时俱进，不断明确各门课程中所蕴含的思想政治教育元素，从教学内容、教学方法、教学平台等多维度保障课程思政教育教学质量。

三、探讨高职课程思政的实践

（一）基于课程的视角

《〈电子商务〉课程思政教学改革研究与设计》一文中将“电子商务”课程通过诸多经济社会热点问题，引导学生建立核心价值观。《“课程思政”视角下高职〈跨境电商实务〉课程教学改革与实践探索》一文中将“跨境电商实务”课程从“道（责任与担当）、品（如何做人）、行（如何做事）”三方面融入思政与德育元素。《倡导商业价值塑造　注重社会责任树立——“商业伦理”（双语）课程思政建设探索》一文中将“商业伦理”课程从道德哲学与伦理决策、企业社会责任理论与实践、互联网营销伦理问题等方面融入思政与德育元素。《市场营销课程教学中思政资源整合路径探讨》一文中将“市场营销”课程从社会责任教育、新时代社会主要矛盾等方面融入思政与德育元素。《市场营销专业课程思政的研究与实践——以〈消费者行为分析〉为例》一文中将“消费者行为分析”课程从社会发展与消费变化趋势、消费者群体的心理与行为等方面融入思政与德育元素。《“三全育人”视阈下电子商务专业课程思政建设的实践与探索——以“电子商务项目策划与管理”为例》一文中将“电子商务项目策划与管理”课程改革教学内容、教学方法，实现专业课程理论思政与实践思政的新结合。

（二）基于专业的视角

《“课程思政”促进高职院校电子商务专业学生教育管理的应用研究》

一文中以立德育人为原则，以人才培养为核心，在电子商务专业人才培养的各个环节有机纳入思想政治课，专业课与思想政治课相互结合与融会贯通，专业教师、思想政治课教师与辅导员相互结合，线上与线下相互融通。《以“专业思政”促计算机科学与技术专业人才培养——以北京联合大学智慧城市学院为例》一文中通过分析北京联合大学智慧城市学院计算机科学与技术专业特点、专业核心价值及“专业思政”的载体，开展了“专业思政”和“课程思政”建设的探索与实践。《金融类专业课程思政的理论思考及实践》一文根据山东财经大学金融学院结合专业及课程特点，从挖掘金融类专业课程思政育人元素、建设金融类专业课程思政内容资源、丰富金融类专业课程思政教学方法、打造金融类专业课程思政师资队伍四个方面设计课程思政实施方案并付诸了实践。《计算机类专业课程实施路径探索与实践》一文结合烟台大学计算机类专业特点，挖掘出五大类课程思政元素，提出采用混合式教学模式开展课程思政的举措。

（三）基于学科的视角

《“学科思政”的内涵、体系构建与实践》一文认为，“学科思政”是“课程思政”与“专业思政”的深化，并以北京联合大学为例，围绕“学科思政”的知识形态、活动形态、组织形态开展了实践。《“大思政”格局下外语“课程思政”建设的探索与实践》一文构建了外语教学的“课程思政”体系。

四、研究比较他国类似的教育实践活动

（一）美国高校的公民教育

美国高校教育中的品行道德教育、主流价值观念输入等由美国的公民教育所承载。美国的公民教育主张把思想教育的相关内容，渗透在受教育群体的生活、学习、工作和实践中，使其在无意识的情况下潜移默化接受德育教育，符合美国文化多元的国情和美国学生反感强迫灌输的心理①。美国公民教育由法制教育和爱国主义教育两个层面构成，其中，美国的法制教育承载了教育学生遵循国家制度和公民权利义务的责任，其不仅包括理论性的教学，也包括一系列校外参观以及与实践课程联动等其他形式，从学生的认知规律出发，引导学生全方位、自发地接受并理解思想教育的内涵②。美国的爱国主义教育贯穿于学校、家庭、社会三个层面，使得

---

① 杨芝．美国隐性教育途径对中国高校思想政治教育的启示［J］．新西部，2018（11）：161-162.

② 张露予．美国公民教育对中国思想政治教育的启示［J］．现代交际，2018（18）：244-245.

“自由、平等、民主”等美国社会价值体系深入人心，国家的强烈自豪感尤为强烈。美国的公民教育是一种政府宏观调控下的全民性、主体性的教育方式。具体来讲，美国形成了一整套宣扬积极本土价值体系的教育网络，包括学校、社会实践机构、非政府组织等，而政府对于各类教育组织不施加直接的干涉而佐以适当引导和鼓励，促成了美国公民教育的隐蔽性、渗透性，从而建立起了美国人强烈的公民意识①。

（二）新加坡高校的共同价值观教育

20 世纪 80 年代以来，新加坡培养公民认同感、抵制外来文化侵蚀的重要方式一直是品格与公民教育。在实施方式上，新加坡融合了西方教育思想和传统华人教育理念。部分高校开设专门的德育课程，强制学生参加；但不论大学开设相关课程与否，新加坡大学专业课、选修课的教学过程中都必须有机融入“共同价值观”教育。此外，新加坡教育部门认为实践教育有助于学生养成道德品格，因此，要求高校重视实践平台的搭建，助力课堂上的价值观教育，并按照实际情况要求学生参加社区服务与学生自治活动②。

此外，与中国相似，新加坡的德育教育早在学生进入大学校园之前便已经逐步开展。新加坡的“品格与公民教育”课程是每所学校都必须开设的，主要用于确保价值观是否全方位连贯传递于语言课程、年级辅导课程、本校课程中，让学生于润物细无声中逐步建立对新加坡价值观的认同③。

（三）日本高校的个人素质教育

日本的《教育基本法》规定高等教育要求的首位是个人素质教育。作为经历两次西方化热潮的东方民族，日本高校既对个人素质教育倾注了极大的精力，同时又兼顾本国传统文化与西方文化的特色，形成了一套西方化色彩浓厚的特殊教育模式。

日本高校的课程设置上，给予了人文/社科类课程极大的比重，在保证学生受到德育教育氛围熏陶的情况下给予学生较大的自主选择权。这一课程设置的背景是日本的大学生在进入高校之前，已经经受了严苛的中小学礼节纪律教育、社会道德教育等。因此，日本高校虽然没有专门开设品

① 高雪冬，王轩，齐巧玲．中美思想政治教育比较研究［J］．教育现代化，2018（33）：138-141.

② 陈光军．中国与新加坡高校思想政治教育比较研究及启示［J］．北京青年研究，2018（3）：108-112.

③ 黄慧．解码新加坡德育［J］．中学政治教学参考，2018（26）：17-19.

德理论课程，却有一套德育教育模式，深入渗透于教学、管理全过程，其关键点是依托于严格的学校校园文化建设、一系列的人文社科选修课等，使学生在整个成长过程中所受到的品德教育成果能够得到持续强化和巩固①。

（四）英国高校的隐性德育

英国作为老牌资本主义国家，极力避免填鸭式的思想政治教育。在独立设置德育课程之前，英国道德教育的主要方式为学科渗透，时至今日这仍然是重要的教育方式之一。另外，作为现代大学的发源地，英国尤其注重校园环境对学生润物细无声的熏陶和影响。校园环境一方面是指雕塑设计、环境布置等能够体现出大学人文精神和办学理念的实际环境设施；另一方面是指大学文化软环境的建构，比如设立校友墙、对历史事件发生地进行标注等。

与其他西方国家一样，英国高校特别强调实践在德育教育过程中所发挥的重要作用，在医院、工地等公共环境内积极开展第二课堂建设，甚至将学生的实践表现列入升学和毕业的考核范畴。而为了与实践课程相配套，英国许多高校一方面大力建设一支高素质、综合能力过硬的具有实践与理论双重指导能力的教师队伍；另一方面积极动用社会资源、家庭资源，配合学校教育，持续引导学生的思想价值。

五、研究述评

通过对已有关于探讨课程思政问题主要文献的梳理，我们发现：

在课程思政的背景内涵和宏观思路问题上，学者们普遍认同虽然“德智体美全面发展”“大德育”等概念早被提出，但课堂教学主渠道中的德育协同机制尚未在我国真正建立。学者们指出，“知识传授与价值引领相结合”这一课程思政目标的实现，要依靠显性思政和隐性思政相结合，即从思想政治理论课、专业课、综合素养课等多个层面同时发力，思想政治教育需要充分发挥不同种类课程的独特作用，各类课程相辅相成，共同实现对德育的浸润。但是，由于高等教育的跨学科性较强、学科间差异性较大，不同的课程对于思想政治教育内涵的承载能力也有所不同。在各类课程中尽可能发挥隐性思政的作用，固然是课程思政推进中的一个要点，但对不同课程如何差异化地实现育人目标，如何根据不同课程的知识点、技能点挖掘出其所蕴含的思政元素等方面的论述尚不够充分，需要进一步地

① 王珊珊．日本高校德育教育对我国高校品德教育的启示［J］．吉林省教育学院学报（上旬），2015（7）：40-42.

深入探索与实践。

在课程思政具体建设的路径问题上，目前研究者们对课程思政的建设主题基本达成了共识，可以概括为：课程思政的建设基础在课程，重心在思想政治教育，中心在院系，关键在教师，成效在学生。与此同时，学者们对课程思政的建设落实和平稳运行也提出了不少建议，例如：课程思政推行的前提是建立上下贯通、多元参与的运行机制，发挥院系积极性，建设一批有思想政治教育特色的专业课。在课程思政的推行过程中应注重打破学科壁垒，实现各学科的多向交流；也应注重多样化的教学方式，根据学生的年龄、专业特点开展主题式教学、互动式教学与社会实践，以锻炼学生理论联系现实的能力。课程思政的平稳推行还有赖于紧跟时代的教学指导和配套教材的编写，保证课程思政的开展能够正规化、有序化。此外，还有学者强调了教师理想信念的决定性作用，这决定了教师是否能在课堂上发挥率先垂范、为人师表的作用，等等。但如何才能形成较好的工作机制、如何才能把所有要素的积极性调动起来、如何才能算得上是同向同行、如何优化课程思政的评价体系、如何才能不断提升对课程思政的认同度与践行效果等系列问题，还有待进一步深入研究与破题。

在课程思政的核心内涵方面，现有研究成果对此的相关论述已经较为充分，不少学者分别从不同的视角进行了解读。然而，一方面由于专业背景的限制，“多学科”配合式的课程思政目前仍较多停留在掷地有声的口号上，真正落实到“何时开展、何人带头、何处进行”的系统设计，打破课程思政学科壁垒的方式突围等问题并没有得到明确解答。另一方面，虽然大多数学者就打造课程思政的系统化效果评价体系、编写教材和指导意见达成了统一，但在对于课程思政的指导纲要中具体应包括哪些环节、涉及哪些思想政治教育场景等问题上却有着较大的分歧。这既需要从理论探讨上进一步破题，又需要在课程思政的教育实践中进一步提供支撑。

在国际比较问题上，各个国家根据自己的社会文化、现实国情，提出了一套适合本国高校的全方位的德育培养方案，强调从课堂、社会、家庭多角度以理论、实践相结合的方法，促动高校培养出德才兼备、素质过硬的优秀人才。通过比较，我们可以发现，虽然不同国家的主流价值观念、政治模式和文化种族存在差异，但各国对高校开展思想政治教育的重视程度都是大力支持的，而且都非常强调隐性教育，这与我国目前正在践行的课程思政建设思路不谋而合。此外，国外不少高校开设大学配套课程、动员社会相关资源的方式，也值得我们进一步学习和探讨。但如何才能科学借鉴，如何取其精华、去其糟粕等相关研究，尚待进一步开展。

第三章　高职课程思政建设的价值意蕴

进入新时代，高职院校立德树人工作面临新境遇、新诉求、新挑战。“立什么德、树什么人”是思想政治教育亟待解决的问题，也是根本任务所在。2016 年 12 月，在全国高校思想政治工作会议上，习近平总书记指出，要用好课堂教学这个主渠道，思想政治理论课要坚持在改进中加强，其他各门课都要守好一段渠、种好责任田，使各类课程与思想政治理论课同向同行，形成协同效应①。总书记的这一论断明确了新时代对思想政治理论课和其他各类课程的要求，为思想政治教育工作增添了新力量。高职院校的其他各类课程，都具有育人功能，都具有丰厚的思政教育资源，专业课教师在教育教学过程中要将这些潜隐的思想政治教育资源挖掘出来，让学生在接受专业教育的同时，受到价值观的熏陶和洗礼，即“课程承载思政，思政寓于课程”，使之成为新时代提升大学生思想政治教育实效性的一剂良药，一以贯之地长期坚持下去。

第一节　高职课程思政建设的现实意义

高职院校培养高素质技术技能人才，不仅要具备扎实、过硬的才能，还要具备为国家、社会及个人服务的德行。德才兼备是高职院校人才培养的目标。课堂是将学生塑造成德才兼备个体的主渠道，从这个意义上来说，高职院校的所有课程都应积极承担这一任务。因此，高职院校加强课程思政建设具有突出的现实意义。

一、课程思政能发挥“隐性课程”的育人功能

育人是课程的固有功能，所以，高职院校的各门各类课程都具有育人功能，只不过在教育教学实践中有所忽视。高职院校“课程思政”的建设

---

① 习近平．把思想政治工作贯穿教育教学全过程　开创我国高等教育事业发展新局面［N］．人民日报，2016-12-9（01）．

过程就是对除思想政治理论课程之外的课程育人功能的解蔽过程，就是要激发“隐性课程”的育人功能。“隐性课程”就是指专业课程，使之与思想政治理论课程这一显性课程一道，共同承担价值观教育的任务。因此，专业课教师要勘探专业课程的育人元素，铸牢自身的政治信仰，将思政工作贯穿于育人的全过程。

在传统教育理念中，“传道”与“授业”“解惑”是目的与手段的关系，而长期以来，这种传统似乎被弱化和遗忘了。尤其是专业课程，专业课教师多数情况下都是以“授业”和“解惑”为目的，而只把“传道”忽略了。新时代对于高职院校的立德树人工作提出了新诉求，高职院校逐渐意识到应该在“授业”和“解惑”中悄无声息地“传道”，实现教书与育人的统一。

专业课程同思想政治理论课一样，具有丰富的思想政治教育资源，前者是内隐的，后者是明显的。仅靠思想政治理论课程对大学生进行价值观教育是远远不够的，专业课程在吸引学生、感染学生、引起学生共鸣方面比思想政治理论课更具优势。专业课程的“课程思政”元素蕴含着启迪人们智慧、激发爱国热情、拥有社会正义感、负有社会责任感、具有文化自信、充满人文精神等价值范式的思政元素①。教育教学过程，简言之，包括教师教和学生学两个部分，不是单向度的传授过程，而是双向度的互动过程。在对新时代大学生进行价值观教育的过程中，专业课教师通过有目的、有计划、有组织的师生活动，使学生自觉地学习和运用专业基础知识与基本技能，在此基础上引导他们形成符合社会发展要求的价值观和道德品质。所以，专业课程发挥育人功能是将思政工作贯穿育人全过程的“牛鼻子”，我国高职院校能否有效地牵着这个“牛鼻子”走，是决定立德树人成效的关键所在。勘探专业课程的育人元素，使专业课程的育人功能得到最大限度发挥是我国高职院校“课程思政”建设的应有之义。

二、课程思政能提升“思政课程”的教育效果

教育效果问题一直是课程教学的永恒主题，思想政治理论课程，简称“思政课程”，是对大学生进行价值观教育的主导性渠道，但是，“思政课程”的教育理念滞后、教育方法单一以及教育实践不足等缺陷在很大程度上弱化了“思政课程”的教育效果。我国高职院校“课程思政”改革的提

① 杨守金，夏家春．“课程思政”建设的几个关键问题［J］．思想政治教育研究，2019（5）：98-101.

出能够有效地弥补已弱化的“思政课程”教育效果的不足，与“思政课程”一道，形成具备正确价值领航功能的课程体系，进而提升大学生价值观教育的整体效应①。

第一，促进教育理念更新。“课程思政”旨在将价值观引导渗透到各类课程中，利用课堂这一载体实现育人功能，从而达到专业知识教育与价值观教育的内在统一。“课程思政”这一教育理念的提出，丰富了大学生思想政治教育的内涵和外延。专业课教师是否有效地组织和实施教育教学实践，直接关系到“课程思政”建设与改革的成败。因此，“课程思政”提出后，专业课教师逐渐意识到“教书”与“育人”的本质内涵，在对新时代大学生开展教育教学活动时，积极开发自己所在学科、专业以及课程蕴含的思想政治教育元素，以自己的言行感染学生②，从而引导他们在掌握专业知识和技能的同时，意识到坚定政治立场与提升道德修养的重要性。专业课教师将发挥专业课程的育人功能作为一项基本要求，积极寻求本专业知识与思想政治教育元素的契合点，将育人元素渗透到专业知识中去，引导新时代大学生在知、情、意、信、行等方面做出正确的判断与选择，为实现立德树人根本任务增添了新力量。

第二，促进教育方法完善。教育方法是教育教学活动的中介因素。教育目的的实现离不开方法的运用，教育方法是在教育活动中将教育者与受教育者联系起来的桥梁，是教育目的实现的手段和工具。教育方法是为教育目的和教育任务服务的。在教育教学活动中，运用何种教育方法，是由教育目的和教育任务决定的，教育方法随教育目的和教育任务的变换而发生改变。新时代下，面对新情况和新任务，强调教育方法的创新，其原因就在于此。“课程思政”建设要求专业课教师潜移默化地将价值观引导寓于所授课程中，实现价值观教育与知识传授、能力培养的有机结合，这可以看作是一种间接的教育方法。这种间接教育方法的最大特点是内隐性，将价值观教育藏在知识传授和能力培养背后，使学生在学习知识的同时无形地受到价值观的熏陶和洗礼，能有效地弥补思想政治理论课程直接灌输法的不足。

第三，促进教育实践提升。实践的观点是马克思主义认识论的基础。人类之所以能够存在和进步，根本原因在于实践，实践也是人类实现自我

---

① 陈文婕，余达淮．提升新时代高校思想政治理论课程质量的三个问题［J］．江苏高教，2019（7）：110-114.

② 龚志宏．关于新形势下高校一体化育人队伍素质培养的思考［J］．学校党建与思想教育，2013（11）：71-72.

教育的基本途径之一。大学生是我国宝贵的人才资源，社会实践是使新时代大学生“成才”与“成人”的必经之路。社会实践能够促进大学生对所学专业知识的理解，意识到学习知识的目的在于服务社会，进而增强自身的社会责任感。社会实践是对课堂教育的有益补充和延伸，是高等教育必不可少的一部分。作为课堂专业理论教育的进一步延伸和素质教育的重要载体①，大学生实践教学活动对于提升大学生的思想道德素质和科学文化素质具有重要作用。所以，实践育人应成为高职院校育人工作的新形式。“课程思政”建设不仅要求专业课教师积极挖掘各门各类课程的思想政治教育资源，而且要促进相关管理部门对大学生思想政治教育工作的认识，比如学工部、二级学院组织开展的参观红色基地、支教活动、社会公益活动等，将大学生的价值观教育由课堂内搬到课堂外，使大学生在社会实践中加深了对所学理论的理解，与思想政治理论课的价值目标相辅相成，从而成为思想政治理论课的有力帮手。

三、课程思政能推进思政教育同频共振效应

课程在大学生思想政治教育中一直发挥着重要作用。长期以来，思想政治理论课程承担着育人职责，但是，从产生的实际效果来看，存在着明显不足。新时代下，中国高职院校“课程思政”建设能够有效地弥补仅依靠思想政治理论课进行育人工作的不足，推进了与“思政课程”在落实高职院校立德树人根本任务、促进知识传授与价值引领相结合、推动新时代大学生全面健康发展等方面的同频共振。

一是落实立德树人的根本任务。人无德不立，道德之于个人乃至社会的发展具有重要意义。崇德修身是做人做事的首要原则。立德树人，德是首位，每个个体只有明大德、守公德、严私德，自身的才华才能用得其所。党的十八大以后，习近平总书记认为，立德树人对高等教育的发展具有重要意义，并在很多场合中强调了这一观点。2016 年，在全国思想政治教育工作会议上，习近平总书记对立德树人的重要性进行了拓展和深化，将立德树人作为教育的中心环节和高校的立身之本。这一提法对立德树人进行了新时代的新定位，开辟了高职院校大学生思想政治教育工作的新境界。“课程思政”建设要求学科任课教师在课堂教学中摒除只教给学生知识与培养学生能力的观念，更重要的是要对学生进行思想观念和价值观的引领。高职“课程思政”建设要为各专业发展和各专业培养目标服务，虽

① 张子睿，卢彤．思想政治教育实践育人理论与对策研究［M］．北京：经济日报出版社，2019：1.

不像马克思主义理论学科具有明显的政治倾向，但是，内在地蕴藏着一种价值观塑造和精神培育功能。因此，“课程思政”建设促进了专业课教师对自身所在学科这种功能的发挥，与“思政课程”一道，共同为落实立德树人根本任务发力。

二是促进知识传授与价值引领相结合。高职专业课教学偏重知识传授，而忽视了价值引领，从而造成了“教书”与“育人”的分离。教师是人类最古老的职业之一，受社会的委托对学生进行专门教育。向学生传递人类传承下来的科学文化知识和价值观教育是每一位教师的神圣使命。苏联著名教育家苏霍姆林斯基极力反对将知识教成毫无温度的真理。如果教师交给学生的知识没有温度，只是将其植入学生的大脑中，没有使学生在内心深处产生深刻的感悟，那么，则没有实现知识的真正价值。对于“课程思政”建设而言，教师是主力军，除了思想政治理论课教师之外的专业课教师也要将对大学生进行知识传授和价值引领作为自身的必要职责和崇高使命，将塑造又红又专、德才兼备的健全人才作为职业导向，从而促进知识传授与价值引领同步驱动。“课程思政”改革旨在利用课程这一载体进行育人，从而达到专业知识教育与价值观教育的内在统一，丰富了大学生思想政治教育的内涵和外延。“课程思政”建设促进专业课教师逐渐意识到“教书”与“育人”的本质内涵，在对新时代大学生开展教育教学活动时，积极开发自己所在学科、专业以及课程蕴含的思想政治教育元素，从而引导他们在掌握专业知识和技能的同时，意识到树立正确价值观的重要性。

三是推动新时代大学生全面健康发展。党的十八大以后，我国开始进入新时代，新时代大学生也面临着新的时代使命，即为决胜全面建成小康社会、全面建设社会主义现代化强国助力青春力量。大学生的全面健康发展是实现这一时代使命的基础和条件。全面健康发展的内容是多维立体的，包括才能、志趣及道德品质等多方面的发展，而这一目标的实现需要专业课教师来发挥纽带作用，专业课教师这一纽带作用的发挥又离不开自身所授的课程。“课程思政”建设要求每位专业课教师意识到通过课程向大学生传授专业知识的目的，深刻掌握“人才培养辩证法”的价值旨归，坚持知识逻辑与价值逻辑并驾齐驱，厘清“德”与“知”的辩证关系，围绕育人这一中心任务，使各门各类课程与“思政课程”同频共振，在遵循教育教学规律和学生成长成才规律的基础上，打破思政教育与专业教育“两张皮”的壁垒，与“思政课程”共同成为推动新时代大学生全面健康发展的有力抓手。

第二节　高职课程思政建设的时代价值

课程思政理念的提出是改进和加强高校思想政治工作的需要，对于落实教书育人的主体责任，对于确保全员、全过程、全方位育人要求的实现具有重要的推动作用，也有助于全面提高高校思想政治工作的水平和质量。加深对课程思政的内涵定位、育人为本导向和问题导向等的认识，系统规划课程思政的生成路径，对高职院校坚持社会主义办学方向，培养德才兼备、全面发展的人才具有重要的时代价值。

一、课程思政具有体现新思政教育观的价值

德国教育家赫尔巴特认为："教学如果没有进行道德教育，只是一种没有目的的手段，道德教育，如果没有教学，就是一种失去手段的目的。"① 美国教育家杜威认为，德育方面应致力于改变简单的、粗暴的、直接性的德育方法，而应该采取渗透到各学科和整个学校生活中的间接性德育方法②。课程思政不仅体现了这一教育观点，而且结合中国特色社会主义高校对人才的培养需求，倡导将知识传授与思想政治教育相融合，形成新的育人模式。具体而言，一方面，课程思政实现了知识传授与思想政治教育的融入。各个专业、各类课程的育人功能依托其学科领域知识与实践方法的积蕴，将价值引领融会贯通于相应的专业知识传授中，实现了知识传授与价值引领的育人功能。不同知识、理论和方法的引入，将在更深、更广层次上推进思想政治教育突破传统教育理念局限，逐步摆脱单向灌输等传统教育方式的路径依赖，不断增强内容的知识性、学理性以及方法的多样性，从而形成更为科学、系统的思想政治教育体系，实现学生的成长成才需求。另一方面，课程思政有助于高校思想政治教育内涵和外延的丰富与拓展。课程思政将不同学科的课程进行功能整合，使其融入思想政治教育的总体格局，这就极大地拓展了思想政治教育的内涵体系，使高校思想政治教育不再局限于思想政治理论课，而是拓展至所有课程，思想政治教育的内涵由此得以丰富，其教育吸引力和感染力也必将得以提升。

二、课程思政具有明确坚持育人为本的价值

课程思政的实施，有助于高校思想政治教育的发展提升，推动思想政

① 杨运强．道德教育中"被"现象及其反思［J］．中国教育学刊．2011（12）：76-79.

② 陈冲，汪海涵．我国高校推进"课程思政"的着力点研究——兼论美国高校隐性政治教育的启示［J］．当代教育科学．2019（9）：88-92.

治教育的现代转型，核心之处在于其明确坚持“育人为本”的导向。在“育人为本”的导向下，推进课程思政的教育教学改革，需要从学科、教材、教学、管理等方面做好规划和引导。首先，从学科上而言，课程思政要重视哲学社会科学的育人功能。正如习近平总书记所言，“高校哲学社会科学有重要的育人功能，要面向全体学生，帮助学生形成正确的世界观、人生观、价值观，提高道德修养和精神境界，养成科学思维习惯，促进身心和人格健康发展”，从而指明了高校哲学社会科学的使命和责任，明确了哲学社会科学育人功能的基本内涵。哲学社会科学所具有的培养学生的理想信念、道德情操、法律意识、生活态度等功能，也为课程思政的实施提供了充分的可能，主要在于哲学社会科学与思想政治教育之间具有同向性，是高校思想政治教育的重要载体和力量。哲学社会科学与思想政治教育之间的这种契合性和相通性，使其成为高校思想政治教育的重要载体，也是课程思政教育教学改革的重要组成部分。其次，从教材上而言，应加强教材编审。推进课程思政教育教学改革，必须推进教材体系的相应发展。比如建立一批立场端正、内容科学、体系完备、特色鲜明的核心教材，能够充分适应中国国情和社会发展实际，符合社会主义核心价值观，同时建立统一教材的编订和管理制度，确保教材的质量。再次，从教学上而言，应制定完备的教学指南，明确相关专业课所对应的价值教育内容。课程思政要求高校各类课程都能体现育人功能，必须明确各个学科、各类课程所应承担的思想教育和价值引领内容，要以课程思政为导向，制定清晰明确的教学大纲和教学指南。在尊重各类课程的差异性和独特性的基础上，吸收和借鉴思想政治理论课的教学经验，融合哲学社会科学课程与思想政治教育教学方案，从而形成相应的教学指南，为课程思政的育人导向提供具体指导。最后，从管理上而言，要强化课堂教学的思想政治教育主导作用。课堂教学是推进课程思政教育教学改革的核心环节，必须加强课堂教学管理，提升课堂教学质量，才能真正落实课程思政理念、推进课程体系建设。加强课堂教学管理，一是要建立健全相关教学管理制度，将思想教育和价值引领明确纳入课堂教学管理制度；二是不断改进课堂教学方式，完善理论知识与实践方法相结合的课堂教学模式，加强实践教学环节，引导学生在理论学习的基础上，通过实践深化对理论的认知和理解，并在实践过程中加强价值认同，完成价值内化；三是完善教学评价体系，将思想教育和价值引领作为课堂教学评价和教师教学评价指标，推进课程思政教育教学改革实施。

三、课程思政具有十分注重问题导向的价值

中共教育部党组于 2017 年年底制定下发了《高校思想政治工作质量

提升工程实施纲要》（教党〔2017〕62 号），在阐述高校思想政治工作的基本原则这部分内容时要求："注重精准施策。聚焦重点任务、重点群体、重点领域、重点区域、薄弱环节，强化优势、补齐短板，加强分类指导、着力因材施教，着力破解高校思想政治工作领域存在的不平衡不充分问题，不断提高师生的获得感。"在此原则的指导下，课程思政亦坚持问题导向，重点破解课程思政所面临的各类困境。从现实性角度而言，课程思政是一种整体性的课程观，有利于突破思想政治理论教育集中于思想政治理论课的瓶颈，缓解思想政治理论课"孤岛化"的现实困境。课程思政以育人为核心目标，贯通不同学科和课程的功能，使各学科课程都能真正参与高校育人工作，体现育人价值。在这一导向下，各类学科课程与思想政治理论课之间形成协同合作的整体，相互滋养，相互支撑，形成育人合力，共同作用和服务于立德树人这一根本任务。就教学目标而言，课程思政积极探索构建思想政治理论课、综合素养课程和专业课"三位一体"的思想政治教育教学体系，使各类课程与思想政治理论课形成协同效应。此外，在课程思政理念的引导下，各类课程都要能发挥不同的育人功能。如思想政治理论课作为高校思想政治教育的主渠道，需要承担系统化开展马克思主义理论教育教学的主要职责；综合素养课等综合素养课程，则注重在培养人的综合素质过程中筑牢理想信念，传承中华优秀传统文化，提高学生的人文内涵；而哲学社会科学和自然科学课程则作为专业课，在其具体的专业知识等的教育中凸显价值引领和人格塑造功能。各类课程在育人目标的实现上相辅相成，体现出新的思想政治教育观。

第四章 高职课程思政建设的理论辨析

“课程思政”是近年来高职院校专业教学改革的主旋律，也是新时期党和国家对高职院校教育工作提出的客观诉求，这要求高职院校的教育活动从专员向全员转化，从课程育人转化为全课程育人。在这一背景下，分析与“课程思政”相关的理论，是做好高职教育工作的基石所在。本章主要为概念的阐述部分，分析了与“课程思政”相关的概念和特点，明确了“课程思政”与“思政课程”之间的关联。

第一节 高职课程思政建设的概念界定

在高职院校的教育活动中，“课程思政”已经成为一个热词，也成为专业课教学改革的重点，尤其是教育部颁布了《高等学校课程思政建设指导纲要》之后，各个高职院校纷纷在这一方面进行了改革与创新，对现有的思政课程体系进行改革与优化，致力于让思政教育工作取得新的实效。要达成这一目标，必须明确“课程”“课程思政”的内涵，找到实施“课程思政”的必要性与相关的理论知识。

一、“课程”的真谛

关于“课程”的定义，各个学科的界定不同，以下选择几种有代表性的进行阐述：

从经济学领域来看，课程与税之间有着千丝万缕的联系，比如在《中国经济史词典》中，“课程”一方面被理解为元朝若干工商税的总称，包括岁课、盐课、茶课、商税等；另一方面被理解为清代农村市集中的若干杂税。据史料记载，《元史·世祖纪》有“尚书省臣言：诸路课程，岁银五万锭，恐疲民力，请减十分之一”；《清律·户律·课程》注：“课者，税物之钱。程者，谓物有贵贱，课有多寡，如地利之有程限也。”《中国古代法学词典》将“课程”界定为征税的限度与标准。

从军事领域来看，“课程”就是国家、军队根据教学所需而制定的计划、大纲以及所选教材的统称。

从教育角度来看，关于“课程”的内涵，《简明教育词典》中做出了明确的规定。从广义角度来看，课程属于各个学科教学的整合；从狭义角度来看，课程就是一门单独的学科。从“课程思政”的教育要求来看，除了要发挥出思政课程的育人功能之外，也要让其他课程之间可以形成合力，共同达成“立德树人”的目标，“课程思政”也涉及更加广泛的领域，“课程思政”中的“课程”，属于广义层面的课程，就是各个学科的总和。

课程属于典型的教学活动，要让课程取得好的效果，就需要让师生在教学方面达成和谐状态。具体来看，课程不仅要体现出规定的科目和教学内容，教师还要根据此来针对教学活动做出计划，满足学生在各个阶段的学习诉求。可以看出，课程有着极为丰富的内涵，不仅可让学生掌握相关的学科知识和技能，还可以进行潜移默化的价值观引导，从而达成专业知识、价值观的双向传递。作为教师，面对任何一门课程的教学，都要主动挖掘其中的思政元素，在发挥出“授业”“解惑”作用的同时，也要注意“传道”，以提升学生的能力，帮助学生形成高尚的品格，使其知晓为人处世的道理，这才是课程的核心所在。

二、“课程思政”的概念

通过对文献资料的分析显示，关于“课程思政”，学者们对其内涵界定是大致相同的，只是表述的角度不同，但其本质是大体相似的。

从表述角度来看，邱伟光认为，在课程特征基础上开展的教育活动，对于高职院校的发展意义重大，课程思政的实施对于高职院校的思政教育也可以起到一定的激励效果①。解岩认为，课程思政并不简单是一门课程，而是要在各门课程体系中融入思政元素②。也就是说，高职院校各门学科的教师都要承担起课程育人的重任，在为学生传递专业知识的过程中，发挥出立德树人的功能。高德毅和宗爱东从实践角度分析了课程思政的内涵，他们提出，实施课程思政，需要将社会主义核心价值观纳入育人过程，发挥出学术资源与学科资源的育人作用，最终让价值引领与知识传授之间可以做到有机统一③。

从上述表述来看，学者们表述的内涵基本上是相似的，都是基于《关

① 邱伟光. 课程思政的价值意蕴与生成路径［J］. 思想理论教育（综合版），2017（7）：10-14.

② 解岩. 理工类专业课程开展课程思政内涵及路径探析［J］. 才智，2019（1）：68.

③ 高德毅，宗爱东. 课程思政：有效发挥课堂育人主渠道作用的必然选择［J］. 思想理论教育导刊，2017（1）：31-34.

于加强和改进新形势下高校思想政治工作的意见》中的要求，提出这样的观点：课程思政的实施应当将专业课程、思政理论课程之间结合起来，真正地做到协同育人，改变以往单一依靠思政课程开展德育教育的局面。在具体的教育方向上，需侧重两个要点：首先，在建设内容上，从专业课程内容、素材或具体教学活动中挖掘潜在的思政元素，确保这些思政元素与专业课程内容、素材或具体教学活动等要素之间存在强有力的内在科学联系。其次，在建设主体上，高职院校一线教师属于课程思政实施的主体，是挖掘课程思政元素的“先驱者”，需改变教师的传统思维，使之对课程思政有深刻的理解和认识，高职院校方面则要做好教师的培训工作，在提高其专业能力的同时，让教师对课程思政有深刻的理解。

综合各位专家学者的意见，本书认为：课程思政是以马克思主义的基本立场、观点、方法为指导，以高职院校所有教学课程为育人载体，把“立德树人”作为教育根本任务的一种综合教育理念和实践活动。课程思政的基础是坚持党对高职院校的领导、坚持社会主义办学方向、坚持全员全过程全方位育人以及坚持遵循教育规律、思想政治工作规律、学生成长规律和坚持改革创新的基本原则。课程思政的基本要求是强化思想理论教育和价值引领、发挥哲学社会科学育人功能、加强对课堂教学和各类思想文化阵地的建设管理、发挥哲学社会科学育人功能、加强教师队伍和专门力量建设、推进高职院校思想政治工作改革创新、加强和改善党对高职院校的领导。所有高校、所有教师、所有课程都需承担好育人责任，守好一段渠、种好责任田，使各类课程与思政课程同向同行，形成协同效应，构建全员全程全方位育人大格局。

从课程思政的外延上而言，实施课程思政还应明确几个重点。

首先，从定位上而言，课程思政的理念需要课程作为载体，成为专业课教学的一种模式①。具体而言，课程思政是依托课程这一载体，以隐性教育的方法，将思想政治教育的原则、要求和内容，与课程设计、教材开发、课程实施、课程评价等有机结合起来的一种思想政治教育形式②。它不仅仅在于将思想政治教育的原则、核心内容与要求融入课程教学之中，更在于在思想政治教育原则指引之下对专业课等进行深度开发，充分挖掘和激发其中的思想政治教育内涵，科学规划和有序开展思想政治教育，有

① 沈壮海，王绍霞．隐性思想政治教育研究的补白之作——读《隐性思想政治教育基本理论研究》［J］．思想教育研究，2014（5）：109.

② 巩茹敏，林铁松．课程思政：隐性思想政治教育的新形态［J］．教学与研究，2019（6）：45-51.

效地推动思想政治教育活动，最终实现高校思想政治教育与通识教育、专业教学融会贯通。坚持以“全面思政教育、立体思政教育、创新思政教育”理念，主动转变思路，充分将思想政治教育的浸润作用与知识传授中的主流价值引领相融合，注重在培育人的综合素养过程中根植理想信念，并不断深化和拓展，促进包括综合素养课、专业课在内的各类课程与思想政治教育有机融合，挖掘和充实各类课程的思想政治教育资源，积极探索构建全员、全课程的大思想政治教育体系。此外，以课程为载体的课程思政还应注重建设具有特色的课程思政示范课程。课程思政示范课程不仅要遵循课程建设的规律和逻辑，而且要遵循大学生的思想观念变化规律，并善于结合大学生最关心的问题、国家社会最需要解决的问题等，提炼核心课程。比如自 2014 年以来，上海市高校开设以中国为主题的课程“大国方略”，在上海高校形成规模效应，目前已形成以中国为主题的系列课程，在课程思政的推广上形成了特色，在全国产生了较大影响①。

其次，从目标上而言，课程思政应与思想政治理论课同向同行。习近平总书记在全国高校思想政治工作会议上指出，“使各类课程与思想政治理论课同向同行，形成协同效应”。一方面，思想政治理论课是思政育人体系中不可或缺的一部分，发挥着主渠道作用。但是，思想政治理论课是有边界的，这种边界在某种程度上影响了思想政治理论课育人的功能发挥。课程思政理念的提出，就是对这种边界的有效补充。另一方面，从培养学生的思维方式和创新能力方面而言，我们要培养社会主义事业的合格建设者和可靠接班人，不仅要讲政治、讲立场，还要讲能力、讲智慧、讲德才兼备。进入新时代，意味着中国在世界舞台将扮演更加重要的角色，这就需要国际化的人才培养，这些都要求人才培养必须有新的理念、思维方式，要有适合全球化进程的创新能力等。课程思政在一定意义上补充了思想政治理论课的相对“不足”。因此，推动课程思政与思想政治理论课同向同行，能够有效实现合力育人、全员育人、全过程育人。

再次，从方法论上而言，课程思政往往采取隐性的形式，渗透于专业课的教学过程当中，学生于潜移默化中接受主流价值观念的熏陶。这要求教师不仅要夯实自身的知识储备，也要掌握育人活动的具体任务和实施要求，并将其落实到具体的教学活动中，采用科学的方法让思政教育、专业知识教育之间能够深度结合。在具体的教学活动中，还要关注情感的渗透，教师要发

① 上海高校“课程思政”改革全覆盖——深入遍及不同院系千余门专业课，思政元素融入文理医工艺各科［N］. 解放日报，2018-1-15（01）.

挥出言传身教作用，用自身的言行来影响学生，让学生可以产生共鸣，从而让思政内容的挖掘更具“深度”“温度”，在潜移默化中提升教学效果，实现思想政治教育的润物细无声的效果。当然，将思想政治理论课的内容通过隐性的形式贯穿于其他课程的教学当中，目的在于扩大思想政治理论课的影响，并不是要削弱思想政治理论课在整个思想政治教育体系中的地位与作用，而应该坚持思想政治理论课的主体地位不动摇。思想政治理论课仍是引领主流价值观的中流砥柱，坚持思想政治理论课的主体地位，实质是坚守社会主义意识形态的主阵地，始终服务于党和国家的发展目标。

第二节　高职课程思政建设的理论依据

任何的思想和理念都不是从天而降，都有自身的理论渊源，因此，在研究“课程思政”的建设时，也需要挖掘其研究的理论渊源。“课程思政”的具体目标在于更好地育人，促进学生的全面发展，在这一方面，与马克思主义“人的全面发展理论”有着一定的相似之处；同时，中国共产党领导人关于“青年思想政治教育”理论也有着良好的育人价值。因此，上述两个理论都是研究“课程思政”的理论基础。另外，教育学、心理学方面的内容也为“课程思政”的实施提供了理论指引。

一、马克思主义基本理论

在马克思人的全面发展理论中，“人”是其中的核心所在，在研究这一理论时，需要明确“人”的内涵。人的全面发展有两个层面的向度，即“个人向度”与“人类向度”，个人向度与人类向度之间有着一定的关联，个人向度属于人类向度的基础，人类向度则是个人向度的必然结果。

从个人向度层面来看，马克思认为，人并不是虚幻的存在，而是处在真实的现实世界中，在一定的条件下，是可以得到发展的。同时，人也不是禁止、孤立的，而是存在于不同的社会关系之中，并且会从事一定的实践活动，因此，人具有自然属性。既然人是自然的存在，就会有各种自然需求，要满足自然需求，就需要借助自然界，自然界属于人类生存的物质来源，如果脱离了自然，人类就无法具备生活所需的物质环境。从这一角度来看，人是世界的组成之一，人是具有生命力的，能够在自然界中汲取能量，人也会受到自然规律的操控。可见，马克思对人概念的界定是有生命的、活生生的，在自然面前，人是被动的①。

① 中共中央编译局．马克思恩格斯文集（第一卷）［M］．北京：人民出版社，2009：252.

从人类向度层面来看，马克思关于人的全面发展理论的研究是从微观、宏观两个维度来着手：关于个人的研究是从微观层面进行，对于人类的考察则是宏观层面。因此，关于“类”的研究非常宽泛，在马克思看来，仅仅实现人的发展还不够，还要关注“类”的发展，人类真正的解放是人类整体的发展，并不是个人的解放和发展，只有全人类的发展，才是真正的解放。之所以人类社会能够不断地发展和进步，其原因就是社会生产力的推动。也就是说，生产力发展是推动人类历史向前进的动力所在。在社会发展的过程中，社会分工让社会出现了贫富差距，有的个体由于生活拮据，为了解决温饱问题，不得不成为他人的附庸，慢慢与社会出现脱节。在资本主义社会中，尽管生产力迅速发展，社会财富急剧增长，却也让大量劳动者的生产资料遭到剥夺，这就导致他们成了片面发展的人。在这一背景下，工人阶级的意识开始觉醒，他们也逐步认识到，只有成为资本主义的掘墓人，才能实现全面发展。

从马克思的理论来看，其全面发展的内涵包括两个层面：第一是倡导每一个人的全面发展，第二则是实现全人类的解放。人的全面发展是实现全人类解放的基础，全人类解放是人全面发展的最终结果，两者是辩证统一的关系。基于此，在“课程思政”的实施过程中，教师需要挖掘出课程内容中的思政元素，在培育学生能力、为学生传授知识的过程中来开展价值观教育，发挥出教育对促进学生个性自由发展的作用①。因此，马克思关于“人”的认识为“课程思政”的实施奠定了基础。

在明确了“人”的科学含义之后，还要分析人获得全面发展的可能。人与动物之间最为明显的差别就是“非特定化”，人具有广泛性、可塑性的特征，这种特征是借助具体的行为来实现。之所以人类社会能够得到发展，其根本原因正是源自人类的劳动，人在从事各类生产实践后，可与其他个体形成社会关系，这种社会关系的综合就是人的社会本质。随着生产力水平的提高，人会尝试对人类社会进行改造，在这一基础上，人也得到了进一步发展。因此，发展是人类生存的高级条件。马克思主义认为，人的全面发展理论的基本内容包括人的劳动和能力的全面发展、人的社会关系的全面发展、人的需要的全面发展和人的自由个性的全面发展。

第一，人的劳动和能力的全面发展。人之所以是人，就是因为其有着劳动的本质，借助劳动，人类社会得到了延续和发展。因此，人的全面发

① （英）罗素．社会改造原理［M］．张师竹，译．上海：上海人民出版社，1959：153-154.

展其首先就是表现在“人的劳动的全面发展”。进入了新的历史时期后，对于人的能力的全面发展有了新的要求，落实到大学生身上，不仅要有健康的体魄，也要有文明的精神，文明的精神就要求大学生学好专业知识，提高心理素质，具备良好的思想道德素质，具备社会发展需要的各项能力。“课程思政”是促进学生成长、成才的关键出发点，其主要的诉求是思想教育与价值观引导，要求专业课教师在传递专业知识的过程中，关注对学生的知识传授和能力培养，为学生提供价值观熏陶，以此来达成理想的价值观教育目标。

第二，人的社会关系的全面发展。个体在思维、能力、自然力和生命方面是有着局限性的，要实现发展，单一依靠个体的力量是不够的，需要形成社会关系，利用社会关系来完善自我，在一定的社会关系中，能够让人有与其他个体合作的机会，共同从事社会生产活动。马克思认为：“人的本质……在其现实性上，它是一切社会关系的总和。”“课程思政”的建设有助于立德树人任务的落实，发挥出育人导向作用，帮助学生为进入社会而做好各项准备工作。而专业课教师的一项重点任务就是帮助学生树立正确的价值观，因此，研究人的社会关系的全面发展，可以为“课程思政”的实施提供学理支持。

第三，人的需要的全面发展。人要生存和发展，必须依靠社会实践活动，这是一种内在的动力，在人类的发展中，物质需求是基本需求，这是组织社会实践活动的前提条件。要实现人的全面发展，必须立足于适宜的前提条件，这个前提条件就是在社会生产实践基础上，构建出完善的社会关系。大学生是一个特殊群体，他们有追求、有文化，要更好地实现发展，需要具备科学知识，还要掌握正确的价值观。“课程思政”的关键就在于大学生自己，因此，在具体教学中，教师要关注学生的精神需求，根据学生诉求来设计教学内容，选择合适的教学方法，将价值观引导落实到专业知识的教育中，为大学生的发展提供源源不断的精神力量。

第四，人的自由个性的全面发展。马克思倡导人的自由、全面发展，其最终指向“个体的主体性”。每个大学生都是独立的存在，要充分发挥出学生的自愿性、自觉性和自主性，实施“课程思政”，并不能抹杀学生的个性，需要在尊重学生个性基础上予以正确引导，摒弃个人主义，将社会发展、自身个性发展相结合。在这一背景下，专业课教师要关注人才质量的提升，在讲述专业知识的同时，要做好思政教育工作，帮助学生树立正确的集体意识和国家意识，将个人发展与国家发展结合起来，让学生为“中国梦”的实现贡献智慧。

二、课程文化发展理论

在高职院校中，各门课程是开展“课程思政”的基础，每门课程都有其文化内涵，课程的实施关键就在于课程文化的科学发展。在斯宾塞（Spencer）看来，课程就是“教学内容的系统组织”①，“课程文化是课程在实践展开和功能实现过程中的文化集合”②，是由诸多要素构成的有机系统，即其课程建设的规范、课程的内在精神、课程发展的制度等。在课程的建设上，要实现发展，需要投入必备的文化、精神、物质要素，其中，必备的物质投入是不可或缺的前提，文化投入、精神投入是其灵魂所在，从某种层面来看，课程文化的发展会影响课程的建设水平。英国的丹尼·斯劳顿（Denis Lawton）于 1983 年提出了“文化分析”理论，他认为，“由于学校时间和资源的有限性，我们必须认真规划课程，以确保对文化的适当选择”③，从而将良性的文化选择作为课程发展的重要基础。法国的皮埃尔·布迪厄（Pierre Bourdieu）则从社会学的视角将课程定义为一种“文化资本”，这种文化资本会促进经济资本和文化资本的发展。

从整体的研究来看，关于课程文化的发展，从西方体制来看，其研究的重点在于“个体价值”，整体的研究趋势更加关注于个体的价值层面；从我国的研究来看，其研究重点在于“集体价值”，课程文化的建设出发点和归宿均是强调“集体价值”。“课程文化建设在课程发展中的重要性以及我国的国情，决定了在课程建设和教学实践中，必须把彰显社会主义核心价值观摆在突出位置，这既是课程文化发展的内在要求，也是教师的职责和使命。”④ 因此，“课程思政”的建设为课程文化的实施提供了新的渠道，要构建出具有特色的课程文化体系，就必须抓好“课程思政”的建设。因此，“课程思政”理念的实施与课程文化的建设具有相似性，发展课程文化理论，是建设“课程思政”的依托所在。

三、有效教学理论

有效教学理论是在 20 世纪初期诞生的，也是教育学领域关注的一项重点内容，属于现代化教学论的重点形态。有效教学要求以教师的教学规律作为准绳，关注学生学习热情的培养，通过科学的教学手段来达到教学目标，在教育领域的发展下，对于有效教学提出了强烈的诉求。夸美纽斯

① 江红来．课程文化定义的探讨［J］．辽宁教育研究，2006（9）：66-68.

② 胡洪彬．课程思政：从理论基础到制度构建［J］．重庆高教研究，2019（1）：112-120.

③ 高有华．国际课程专家的课程视野［M］．芜湖：安徽师范大学出版社，2012：138.

④ 胡洪彬．课程思政：从理论基础到制度构建［J］．重庆高教研究，2019（1）：112-120.

(Comenius) 说过:"求学的欲望应彻底在学生身上被激发出来。"[①] 这句话有两层含义:第一层面表达了有效教学的意义;第二层面则说明了实现有效教学的难度。建设"课程思政",需要做到"育人为本",采取科学的方式促进学生的全面发展,从具体的教学影响因素来看,教师的教学态度、所选的教学方法、教学内容、教师教学能力、教学目标的设定都会对教学目标的实现产生影响。比如,教师有一颗热忱之心、教师可井井有条地开展教学、教师能够科学地选择教学目标,这均是实现有效教学的必要条件。在"课程思政"的实施过程中,需要将专业知识和能力培养与价值观教育之间结合起来,这就要求教师采用科学的方法,以实现"价值引领""知识传授"的统一。"课程思政"的实施既要丰富专业课内容,提高教学的实效性,也要循序渐进地实施价值观教育。因此,从内在逻辑来看,"课程思政"建设与有效教学理论也是一脉相承的。

四、潜在课程理论

潜在课程理论是由美国学者杰克逊(Philip W. Jackon)提出的,潜在课程与显性课程之间是对立关系,在这一理论提出后,很快引起了关注,国内外的众多学者也从多个角度来阐释潜在课程理论的内涵,可以说,潜隐性是潜在课程的首要特点。潜在课程以"间接的、内隐的、不明确的方式,在潜移默化中,使学生不知不觉地受到教育"[②]。尽管潜在课程的存在形式与显性课程不同,却可以产生渐进性、长期性的影响。潜在课程的概念与"课程思政"概念之间有着密切联系,实施"课程思政"建设的课程包括思政课程与其他的专业课程,在教育环节上,要求挖掘出各类非思政课程中蕴含的思政元素。教师通过潜在课程为学生提供价值观教育,与传统的采用思政课程实施的教育活动不同,其本质也属于"潜在课程",将各类思政元素巧妙地融合在能力培育中,以达成理想的教学目标,因此,潜在课程理论为"课程思政"的实施提供了理论支持。

五、建构主义理论

瑞士心理学家让·皮亚杰(Jean Piaget)是建构主义理论的代表人物,他致力于从儿童与客观环境之间的影响来进行分析,基于此提出了"同化""顺应"的思想。其中,"同化"就是将客观环境中的信息纳入儿童认知结构,从而促进儿童认识的内化;"顺应"就是利用外部环境的变化来重组、改造儿童的认知结构。这一理论的研究改变了认同认知架构性

---

① (捷)夸美纽斯.大教学论[M].傅任敢,译.北京:人民教育出版社,1984:123.

② 高有华.国际课程专家的课程视野[M].芜湖:安徽师范大学出版社,2012:192.

质，当然，不仅仅对于儿童，对于其他的社会群体，也是如此①。通过同化与顺应，个体与周围环境之间能够达成平衡状态，如果社会成员能够用主动的态度来同化信息，那么其认知就能慢慢地达成平衡；相反，若无法同化新信息，就会打破个体的平衡状态，为了探究新的平衡节点，就需要借助顺应的过程。大学生群体的认知构建也是通过这一过程来实现，并且在“平衡—不平衡—新平衡”的循环中得到发展。

建构主义教学观主张：“学习者是信息加工的主体，是意义的主动构建者；教师是意义构建的促进者和帮助者。”② 在具体的教学环节中，教师需要根据学生的原有经验、心理结构来设计教学方案，在这一过程中，教师是主导者，学生是学习主体，教师在发挥出自身主导者角色的过程中，要尊重学生的主体地位，发挥出学生学习的主观能动性。在教育过程中，要采取科学的方式来提高学生的自控能力，避免强迫学生，锻炼学生的独立意识。“课程思政”的实施要求教师不仅要科学传授知识、培育技能，也要充分尊重学生的主体性，根据学生的兴趣爱好、认知结构来帮助他们完成知识建构。例如，对于专业课教师而言，在寻找专业课中的思政教育资源时，需紧密贴合学生的共鸣，用深入浅出的方式来讲解，这样才能真正获得学生的共鸣。实践证明，教师采用了这种教学模式，能够大大提升学生对于“课程思政”的接受度，达成润物细无声的教育效果，因此，建构主义理论也为“课程思政”的实施提供了正确的价值引领。

第三节　高职课程思政建设的内涵特征

关于课程思政的内涵，学界还缺乏统一的界定，有的学者认为，课程思政属于课程观，并不是独立的课程，也不是额外增加的活动③；有的学者认为，课程思政就是将思政内容渗透到知识和活动中④；还有的学者认为，课程思政是在教育体系中涵盖思政教育的目标，除了要发挥出思政课

① 程卫东，王永辉．现代教育在中学数学教学中的探索［M］．长春：吉林人民出版社，2019：52.

② 王辉．基于移动互联网环境的大学英语词汇习得模式研究［M］．成都：四川大学出版社，2019：29.

③ 高德毅，宗爱东．从思政课程到课程思政：从战略高度构建高校思想政治教育课程体系［J］．中国高等教育，2017（1）：43-46.

④ 邱伟光．课程思政的价值意蕴与生成路径［J］．思想理论教育，2017（7）：10-14.

程的育人功能之外，还要发挥出其他课程的育人功能①。根据《高等学校课程思政建设指导纲要》中的规定，课程思政就是将思想政治教育贯穿于各类课程教学活动之中，通过深入挖掘各类课程中蕴含的思想政治教育元素，以间接、隐性的方式对大学生进行价值塑造的一种课程教育理念与实践路径，目的在于实现高校立德树人的根本目标②。

一、“课程思政”的基本特点

在《汉语词典》中，“特点”一词被解释为人或事物所具有的独特的地方。作为一种教育理念，本书认为，隐蔽性、依附性、浸润性是“课程思政”的特点。

（一）隐蔽性

“课程思政”的实施能够为立德树人任务的实现提供新的思想和理念指导，并不是直接为学生提供的教育，而是用隐蔽的方式来逐步渗透，充分将思想引领、心理健康教育、劳动教育、道德熏陶等内容融入教学活动，对学生发挥出潜移默化的影响。“课程思政”要求将价值观渗透在教学活动中，予以正确的价值观指导。也就是说，要隐蔽传统教育模式中的“形”，不让学生直接感受其中的价值观引导。“课程思政”的实施应该是“隐形”的。也就是说，价值观渗透是隐蔽在具体的教学活动中，有着隐蔽性的特点。

“课程思政”的隐蔽性主要表现在两个层面：

第一，教育过程是隐蔽的。专业课教师在“课程思政”的建设过程中，需要将思想引领、政治引导、心理健康教育、劳动教育等内容落实到专业知识的教学，让学生能够逐步接受思想引导。在该种模式下，专业课“课程思政”的实施有着“隐”“寓”的特点，对于大学生而言，在其学习过程中，关注的重点在专业知识的培养上，并未认识到价值观引导的重要性，因此，这一教学过程有着隐蔽性的特点。比如，在医学急救类专业知识的教学中，尽管教师没有为学生提供直接的价值观教育，但在相关专业知识内容的教学上，可为学生传授舍己救人、救死扶伤、敬畏生命的精神，这种教育内容并没有得到外显，可见，专业课的课程思政元素广泛存在于每门课程的教学内容、教学素材、教学方法、教学条件与师生互动等多个方面，但其形态存在显隐性程度不同之分。在思政理论课程中，为学

① 何衡．高职院校从“思政课程”走向“课程思政”的困境及突破［J］．教育科学论坛，2017（10）：27-30.

② 赖金茂．高校“课程思政”建设的现实困境及其应对策略［J］．湖北经济学院学报，2020（5）：136-139.

生提供的教育是基于各类思政理论知识作为出发点，而专业课程中的价值观教育则是隐蔽的。当然，这种隐蔽性并不是直接将价值观标签张贴在专业课内容中，而是要通过科学的方式将专业知识教育、价值观引导之间深度结合起来，不仅要做到内容的融合，而且在形式上也要是一致的。那种将思想政治教育的目的、意图、内容等简单地负载于专业知识中，不在深层次的融合上下功夫，并不是真正意义上的“课程思政”。

第二，受教结果是隐蔽的。苏霍姆林斯基曾经讲：孩子们愈少感到落在他们身上的教育设想，任何一种教育现象的教育效果就愈大，一旦他明白了你专门找他谈话是为了教育他——他的心灵，形象地说，便会扣上所有的纽扣，整个封闭起来。“课程思政”的实施要求专业课教师主动挖掘思政元素，将其融合在专业课程的教学中，对于学生而言，在受教育的过程中，他们的思想处于开放状态，并没有主观上的逆反性与封闭性，因此，比起思政课程，课程思政的教育效果更加突出。但是，由于专业课教师是采用知识的传授过程来开展价值观引导的，因此，学生的学习重点也是集中在专业知识上，对于其背后的思政元素并没有予以更多的关注，因而专业课程中的价值观教育被专业知识传授所影响，不会立刻显示，这就导致“课程思政”的实施具有滞后性的特点。总而言之，专业课教师对大学生进行价值观引导的方式是隐蔽的，因此，“课程思政”具有隐蔽性。

（二）依附性

在为学生提供价值观引导时，专业课教师不能孤立进行，而是要充分发挥出各类教育载体的作用，利用各类载体将思政教育元素融入教育中，以产生正向的影响，其中，最佳的载体就是专业课程。因此，“课程思政”的实施有着依附性的特点，专业课教师必须把握好依附性，才能让价值观引领更具时效性，让价值观教育更具吸引力和说服力。因此，专业课教师在开展教学时，需设计课程内容，创新教学活动，鼓励学生积极参与，利用此来培养学生的意志，坚定他们的信念①。

“课程思政”之所以有着依附性的特点，是因为要达成教育目标，需要让思政内容依附于一定的课程，专业课教学是联系学生、专业课教师之间的纽带和桥梁，双方都需要借助这一桥梁来开展互动。在“课程思政”的实施过程中，“育人”是其本质所在，以此为出发点，专业课教学可以实现价值引领、知识传递之间的共振，使学生在学习专业知识的过程中，树立正确的价值观，成为优秀的社会主义事业接班人。在新的历史时期，

---

① 白显良．隐性思想政治教育基本理论研究［M］．北京：人民出版社，2013：43.

专业课教师是开展价值观教育的核心力量，而客体就是广大的大学生①，在“课程思政”的实施过程中，学生、教师正是通过专业课程来实施多维互动，并且产生积极的教育成效，以达成价值观教育的根本目的，因此，从这个层面来看，“课程思政”有着依附性的特点。

（三）浸润性

“课程思政”还有着浸润性的特点，也就是说，在各个学科、各个专业与课程内容中，都要主动挖掘其潜在的思政教育资源，借助课堂教学活动来呈现，将思政元素渗透至课堂教学全程，这属于隐性的思政教育方法，与理论灌输教学模式有着显著的差别。从具体的表现来看，这种浸润性在形式上有着“寓他”的特点，与其他的专业课程相比，思政理论课程的性质较为特殊，要求教育工作者为学生传授思政理论，是显性教育。“课程思政”与思政课程之间有着明显差异，要求教师为学生进行逐步的渗透，这种价值观引导寓于具体的专业、学科与课程教学中，这种形式有着内隐性的特征，属于隐性的教育体系。但不管是思政课程，还是课程思政，两者的存在是统一的，虽然“课程思政”的表现形式单一，但是其表现意图、内在目的、表现内容却有着多维性的特点，这也为“课程思政”赋予了动态化的特征。另外，这种浸润性还要求将各类教学内容深度融合起来，在不干扰正常思政理论课程教学的基础上，要求专业课教师挖掘出各个学科、专业、课程中的思政教育内容，让价值观引导可体现在教学的全过程中，在融合过程中实现逐步的浸润。在实际的操作中，要把握好“浸润之魂”，需采取盐溶于水、自然而然的形式，不能将思政元素强加于专业课程的知识与理论传授中，也不能牵强附会，而是要在庞大的教育体系中找到教书与育人的内在关联。否则，思政元素的融入必然出现“梗阻”情况，难以达到理想效果。因此，从本质上来看，实施“课程思政”，需要发挥出隐性育人的作用，将隐性教育之魂根植在课堂教学活动中，将价值观引导与其他的课程内容之间结合起来，让思政教育能够与专业教育实现一体化。那种只是简单地将思政教育的目的、内容、任务负载于具体专业的教学活动，没有实现真正的深层次融合，那种方式不是真的“课程思政”。因为“课程思政”不是简单对各个专业、学科、课程进行的简单价值观灌输，也不是在各门课程的教学中赋予一个看不见的“幽灵”，纵观其本质，思政课程属于“灵魂”，“课程思政”则是肉身，两者应当是高度整合、统一的。

① 刘力，闵杰．高校思想政治教育载体研究［M］．沈阳：辽宁大学出版社，2008：56.

明确这种浸润性，为“课程思政”的建设提供了具有价值的引领。首先，坚持浸润性原则，打通了传统思政课程、课程思政中存在的鸿沟，在高职院校的思政教育中，有显性教育、隐性教育两类，其中，显性教育是最为常见的形式。与之相比，“课程思政”是隐性存在的，从“思政课程”到“课程思政”的转换过程中，教育形式也表现出潜移默化的特征，这在一定程度上丰富了思政教育形式，从而在高职院校中实现“思政课程”和“课程思政”之间的深度合作，为“课程思政”的实施提供支持。其次，坚持浸润性，能够将主体性与主导性结合起来，“课程思政”的建设要充分尊重学生的主观能动性，从其实际需求出发，但是不容忽视的是，在教学过程中，教师依然是主导者的角色，在“课程思政”的建设上，教师具有创造性、能动性的特点①。因此，实施“课程思政”，能够帮助教师完善知识结构，形成科学的思想观念，用先进的思想观念、足够的知识储备量来为新时代的大学生提供帮扶。另外，“课程思政”的实施可深化教师的主导作用，尽管“课程思政”要求尊重学生的主动性，但是教师是“课程思政”的发起人，需要发挥出自身的主导者角色，这种主导性主要表现在教学过程中的意识，教师可根据新时代大学生的思想特点、教育目标要求来调整教学活动，根据学生出现的各类新问题、新情况来采用科学的应对方法，从而凸显出教师的主导地位。

二、“课程思政”的基本要求

长期以来，高职院校将育人工作更多地交给思想政治理论课程及其教师，但是，实践表明，这一举措取得的效果不佳。进入新时代，“课程思政”要求专业课教师参与到育人工作中来，用专业知识蕴含的思想政治教育元素育人，因此，“课程思政”应按照立德树人的要求，明确政治导向，寓德于课，人文立课，对新时代大学生进行价值引领。

（一）政治导向

政治导向明确了“课程思政”的具体方向，“课程思政”的建设必须坚持社会主义办学方向，“办什么样的大学、坚持什么方向、高举什么旗帜，是高职教育发展的根本性与方向性问题。”② 高职教育组织的育人活动是为建设社会主义现代化强国服务，需要坚持时刻为人民服务，以人民的诉求作为出发点和归宿点；为中国共产党的治国理政提供服务，坚持党的

---

① 王淑荣，孟鹏涛．论隐性思想政治教育价值实现的条件［J］．思想理论教育导刊，2015（2）：112-115.

② 邱伟光．课程思政的价值意蕴与生成路径［J］．思想理论教育，2017（7）：10-14.

绝对领导权，坚持以马克思主义意识形态作为主导，把握好意识形态领域的话语权；坚持为中国特色社会主义制度的发展而服务，将道路自信、理论自信、制度自信以及文化自信始终落实到思政教育中；并坚持为社会主义现代化建设而提供服务，致力于为国家培育优秀的社会主义事业接班人。要让高职院校坚持正确的社会主义办学方向，必须发挥出思政教育工作的作用。

"课程思政"的实施为高职院校的思政教育注入了全新的力量，凸显出社会主义的办学方向，要求"围绕坚定学生理想信念，以爱党、爱国、爱社会主义、爱人民、爱集体为主线"①；要求在引导学生学好本专业学科知识的同时，掌握必备的专业技能，还要让学生能够主动为中国特色社会主义建设贡献自己的力量，将自身的学习、生活与国家的发展结合起来，意识到自己奋斗的目标，正如马克思提出的，"人们只有为同时代人的完美、为他们的幸福而工作，才能使自己也达到完美"②，从而为中华民族伟大复兴的中国梦和共产主义的实现提供物质和精神条件。

坚持正确的政治导向，对于"课程思政"的实施有着重大意义，具体表现为：首先，坚持正确的政治导向，是达成"课程思政"目标的本质要求。"课程思政"的任务是立德树人，为国家培育优质的时代新人，其本质就是"育人"活动，这是一项根本问题，只有牢牢地把握好育人的方向，才能避免"课程思政"的本质发生变化。其次，坚持正确的政治导向，能够让"课程思政"发挥出在学生思想、行动上的指引作用，协调好学生的思想，整合实施"课程思政"的各种力量，使之能够发挥出共同的教育作用。因此，不管是在什么情况下，不管是哪门学科专业的教学，都需要坚持社会主义办学方向不动摇。最后，坚持政治导向，是实现"课程思政"价值的保障。"课程思政"价值的实现情况与教育目标有着直接关系，因此，坚持正确的政治导向，也是彰显"课程思政"价值的保障。

（二）寓德于课

高职院校的教育活动中，需要坚持"立德树人"，这也是高职院校的立身之本。大学阶段是学生步入社会的关键时期，这一时期的教育不仅要为学生传递科学文化知识，也要帮助学生树立正确的价值观，养成良好的道德品质，具备积极的精神状态与高尚的人格，大学期间对于学生而言，

---

① 教育部．教育部关于印发《高等学校课程思政建设指导纲要》的通知［EB/OL］．（2020-05-28）［2021-06-01］．http：//www. gov. cn.

② 中共中央编译局．马克思恩格斯全集（第四十卷）［M］．北京：人民出版社，1982：7.

是一段珍贵的人生体验。基于此，2016 年 12 月 8 日，习近平总书记在全国高校思想政治工作会议上强调：“要坚持把立德树人作为中心环节，把思想政治工作贯穿教育教学全过程，实现全程育人、全方位育人，努力开创我国高等教育事业发展新局面。”① 立德不仅是思想政治教育的重点内容之一，还应成为“课程思政”建设的重要组成部分，需要借助于一定的载体才能实现自身的功能和作用，“课程思政”建设为立德提供了课程这一载体，既将立德寓于具体的课程内容中，又将立德寓于教师的教育教学过程中。

德是立身之本、立国之基。早在古代，中华民族就讲求“以德修身”“从政以德”，这也是古代仁人志士的一项崇高价值追求。对于一名教师的评价，不仅要看其能否完成“授业”“解惑”的目标，还要看其能否完成“传道”的使命。也就是说，评估教师的标准是能不能做到“经师”“人师”之间的有机统一。在新的历史时期，教师的重要任务就是培育社会主义事业的建设者与接班人，也就是培育“德智体美劳全面发展”的优秀大学生，要将“德”放在其中的首要位置，而“课程思政”的本质就是德行教育，“课程思政”的实施在立德过程中起着尤为重要的作用。当然，要达到“立德”的目的，不是依靠一门课程，要求发挥出各门课程的教学作用。从这一角度来看，除了思政课程之外，其他的专业课程也需要发挥出思政教育作用。但是，在高职院校的具体教学活动中，思政课程与专业课教学的脱节问题时常存在，受制于这一因素的影响，不管是在教师还是在学生的眼中，都出现了一种误区，即：专业课程的教学任务是传授专业知识，思政课程的目的是达成立德目标，两者没有关联，这种错误的认知将专业课程与思政课程对立起来，也影响了立德树人的一致性。在这一背景下，“课程思政”理念的提出显著弥补了教育的不足，让各门学科的教师都要承担起“立德树人”的重要任务。“立德”属于课程教学的应有之义，“课程思政所要实现的正是寓德于课，从而为国家、社会和人民培养德才兼备之人。”②

（三）人文立课

在“课程思政”的建设上，专业课教师是其中的主导者，需要寻找课程内容中的人文素养。关于人文素养，其内涵十分宽泛，其中一项重点就

---

① 习近平．把思想政治工作贯穿教育教学全过程 开创我国高等教育事业发展新局面［N］．人民日报，2016-12-9（01）．

② 王学俭，石岩．新时代课程思政的内涵、特点、难点及应对策略［J］．新疆师范大学学报（哲学社会科学版），2020（2）：50-58.

是人文精神，这是对人类生存的关怀。“课程思政”的建设载体多种多样，除了思政理论课程之外，其他的课程都可以成为“课程思政”的载体，没有高低之分，只是在教学难度上具有一定的差异。从教育的本质来看，每一门课程中都有丰富的人文元素，在课程的教学上，需从“教书”“育人”两个方面来着手。在每门课程中，基本都蕴含着人文精神和人文元素，只是其存在方式不同。针对高职大学生的教育，需在传递专业知识的过程中，与价值观教育相结合，这样，学生接受的教育才是健全的。在“课程思政”改革的实施下，要求教师主动挖掘专业课程中的人文精神内容，“教师是履行教育教学职责的专业人员，承担教书育人，培养社会主义事业建设者和接班人、提高民族素质的使命。”① 专业课教师要发挥出自身的主导作用，深入挖掘课程内容中的人文元素，让专业教育更具内涵与情趣，从而将学生综合能力的培育落到实处。

在实现“课程思政”的过程中，教师要主动学习，切实掌握专业课教育内容中的人文元素，自觉地将专业课教学与人格教育、家国情怀、知识教育等内容相结合，挖掘出隐性的思政教育资源。同时，教师还要对“课程思政”有更加深刻的理解，将价值关怀、人类生存意义有机结合，以充分凸显出专业课程的育人价值，做到“守好一段渠、种好责任田”。

（四）价值引领

在“课程思政”的实践过程中，要挖掘出各门课程的思政教育元素，将其与教学过程有机结合，其中，思政教育元素是非常丰富的，不仅涵盖常规的思政教育内容，还可以是思政教育的一种精神追求与价值理念②。在具体的融合内容上，需要将社会主义核心价值观教育与专业教育内容相结合，该种融合模式非常易行，这就是“课程思政”的价值引领作用。从融合的抽象内容来看，“课程思政”不仅要为学生传授思政理论的基本知识点，还要通过潜移默化的方式引导学生树立正确的“三观”，从而让专业课程不仅具备专业教育作用，还有价值引领作用。大学生正处在人生的“拔节孕穗期”，在这一阶段，需要教师的悉心栽培与教导。大学生的价值取向对于社会取向的变化也有着直接影响，因而针对高职大学生开展价值观教育极为重要。因此，不管是具体内容，还是抽象内容，“课程思政”都必须发挥出价值引领作用。

---

① 立德树人是高等学校的根本价值遵循［N］. 中国教育报，2018-10-25（5）.

② 王学俭，石岩. 新时代课程思政的内涵、特点、难点及应对策略［J］. 新疆师范大学学报（哲学社会科学版），2020（2）：50-58.

第四节　高职思政同向同行的逻辑关系

培养高素质技术技能人才、能工巧匠、大国工匠是高职院校育人的重要目标。新时代下，最大限度地发挥课堂教学的育人主渠道作用，全面实施“课程思政”改革已成为提升高职院校育人实效的关键点①。高职院校进行“课程思政”建设不仅能够促进“三全育人”格局的形成，推进社会主义大学培养目标的实现，而且能够通过强化其他各类课程的育人功能，达到与“思政课程”同向同行的目的，实现全课程协同育人，让学生的思想、政治、品德符合新时代的要求。

一、“思政课程”与“课程思政”的共同性

（一）任务和目标上的共同性

习近平总书记指出：“古今中外，每个国家都是按照自己的政治要求来培养人的，世界一流大学都是在服务自己国家发展中成长起来的。我国社会主义教育就是要培养社会主义建设者和接班人。”

相关政策文件中也多次强调要“培养社会主义合格建设者和可靠接班人”。思想政治理论课作为大学生思想政治教育的主渠道，必然要把“培养社会主义合格建设者和可靠接班人”作为根本任务和目标。早在1995年10月，原国家教委印发的《关于高校马克思主义理论课和思想品德课教学改革的若干意见》就指出：“‘两课’教学的根本目标，是引导和帮助学生树立马克思主义的世界观、人生观、价值观，确立为建设中国特色社会主义而奋斗的政治方向，增强抵制错误思潮和拜金主义、享乐主义、极端个人主义等腐朽思想侵蚀的能力。”中共中央宣传部、教育部颁发的《关于进一步加强高等学校思想政治理论课教师队伍建设的意见》（教社科〔2008〕5号），从加强思想政治理论课教师队伍建设的角度也指出：“进一步加强思想政治理论课教师队伍建设，提高教学水平，用中国特色社会主义理论体系武装大学生，用社会主义核心价值体系引领各种社会思潮，把他们培养成德智体美全面发展的社会主义建设者和接班人”。

思想政治理论课是大学生思想政治教育的主渠道，但并非只有思想政治理论课具有思想政治教育功能。《中共中央　国务院关于进一步加强和

① 吴海文．无意识教育与高校思想政治教育创新［J］．社会科学家，2010（12）：119-121.

改进大学生思想政治教育的意见》（中发〔2004〕16号）明确指出："要深入发掘各类课程的思想政治教育资源，在传授专业知识过程中加强思想政治教育，使学生在学习科学文化知识过程中，自觉加强思想道德修养，提高政治觉悟"，"要把大学生思想政治教育摆在学校各项工作的首位，贯穿于教育教学的全过程"。习近平总书记在全国高校思想政治工作会议上进一步强调："把思想政治工作贯穿教育教学全过程，实现全程育人、全方位育人。""课程思政"的课程观强调把思想政治教育融入各类各门课程的教学和改革，正是体现了把思想政治工作贯穿教育教学全过程的要求，担负着加强和改进新形势下高校思想政治工作的重要职责，是高校思想政治工作不可忽视的课程面最广、更加贴近学生学习实际的重要组成部分。

由此可见，"课程思政"与"思政课程"都是高校思想政治工作的重要组成部分，二者是一个"课程思政共同体"，共同担负着立德树人的根本任务，发挥着对大学生的思想价值引领作用，二者的共同目标是把大学生培养成为中国特色社会主义合格建设者和可靠接班人①。

（二）方向和功能上的一致性

"课程思政"和"思政课程"的方向和功能在本质上是一致的，二者都要坚持社会主义办学方向和发挥育人功能②。同时，这里所讲的方向和功能上的一致性具有明确的指向性。习近平总书记指出："要用好课堂教学这个主渠道，思想政治理论课要坚持在改进中加强……其他各门课都要守好一段渠、种好责任田，使各类课程与思想政治理论课同向同行，形成协同效应。"毫无疑问，这里所讲的同向同行的明确指向是思想政治理论课的"向"与"行"。要做到同向同行，首先必须明确思想政治理论课的"向"与"行"的内涵。简而言之，思想政治理论课的"向"就是正确的政治方向，思想政治理论课的"行"就是进行思想政治教育。这里的"同向同行"，就是要求各门专业课程在育人上，要保持与思政理论课程的一致性，坚持正确方向，与思政课程之间形成协同效应，发挥出育人的合力，这就有效解决了长期依靠专业课教学与思政课教学之间的脱离问题。长期以来，不管是学校，还是教师，对于思政教育都有一些误区，片面将思政教育作为思政课程的主要任务，其他的专业课程则为学生提供专业教

① 张煜．多元融合：高校思想政治教育题中应有之义［J］．黑龙江高教研究，2018（4）：147-149.

② 顾晓英．基于问题解析的思想政治教育理论课教学方法研究［J］．学校党建与思想教育，2016（4）：32-34.

育，在这种模式下，专业课、思政理论课程之间是脱节的，导致思政教育成了一座“孤岛”，这不仅无法发挥出思政理论课程的引领作用，也不利于各类教育资源的利用。因此，只有将两者深度结合，做到同向同行，才能真正地让“课程思政”深入落实到具体的实践中。

（三）内容和要求上的契合性

从本质上来看，“思政课程”与“课程思政”之间是一致的，不管是教材中的思政理论内容，还是专业课程中蕴含的思政内容，都属于思政教育的组成部分，因此，“思政课程”与“课程思政”之间是相互契合的。从具体的课程结构上看，思政课程属于主渠道，是落实课程思政的一个分支，课程思政的实现，需要发挥出各门课程的协同育人作用，将思政教育渗透至各类课程中，不能单一将课程思政等同于思政教育。

课程思政对专业课教学、思政理论课教学都提出了全新的要求，要求各科教师发挥出自身的教育职责，严格贯彻落实“课程思政”的理念，发挥出思政教育功能。其中，思政理论课程是一个主要渠道，需要树立“四个意识”、坚定“四个自信”，发挥出自身在意识形态引领上的作用。作为思政课教师，要达成这一教学目标，需要坚持深度研究，避免出现“自由化”“中性化”的思政课堂，主动将思政教育内容与学生所学的专业课程结合起来，寻找思政教育与专业教育之间的结合方法，善用生活化教学、案例式教学等方式，将思政内容与专业教育结合，在趣味的情境、多样的方法中提高学生的主观能动性，以此来提升教学实效。

二、“思政课程”与“课程思政”的差异性

尽管“课程思政”与“思政课程”的本质相同，但在教学时，两者的侧重点是不同的，具体到实践中，需要进行合理的区分，以避免在实践环节出现偏差，只有明确两者之间的差异，才能充分发挥出“课程思政”与“思政课程”的育人作用。要“准确把握不同性质课程特点，既牢牢把握思政理论课的核心地位，又要充分发挥其他所有课程的育人价值”①。否则，就会出现要么把专业课程“思政化”，要么忽视思想政治理论课主渠道作用的倾向，难以达到预期效果。

（一）思政内容不同

在“课程思政”的实施上，“思政”内容主要集中在思想价值的引领

① 陆道坤．课程思政推行中若干核心问题及解决思路——基于专业课程思政的探讨［J］．思想理论教育，2018（3）：64-69.

上，要通过思政理论课程、通识课、专业课的教育合力来发挥思政价值的引领作用①；思政课程中的“思政”则主要局限在思政理论的教学上，为学生提供全面、系统的思政理论教育功能②。《中共中央宣传部、教育部关于进一步加强和改进高等学校思想政治理论课的意见》（教社政〔2005〕5号）明确指出：“高等学校思想政治理论课承担着对大学生进行系统的马克思主义理论教育的任务，是对大学生进行思想政治教育的主渠道。”

明确“课程思政”与“思政课程”中“思政”元素的不同，是顺利开展教学改革的基础所在。“课程思政”属于典型的教育理念，需将其融合到具体的课程教学活动中，“课程思政”不是“专业课程思政”，更不是“思政课程”③。在课程思政的实践过程中，要避免出现思政理论课程通识化和专业课程思政化的不良倾向。其中，思政理论课程的通识化就是片面扩大思政理论课程中的通识性内容，忽视了思政理论课程的中心地位，甚至淡化其核心理念，导致思政理论课程沦为了通识课；专业课程思政化就是忽视了专业课程教学的特点与规律，导致专业课成为思政理论课④。“课程思政”的实施目的是强化专业课程中的思政教育内容，如果在实践中出现了上述不良倾向，就违背了教学改革的初衷。

（二）课程地位不同

“课程思政”与“思政课程”的地位是不同的。关于两者地位的差异，一般是从不同的角度来分析得出，具体表现在两个方面：

一是两个“主渠道”的“思政”定位。对于高职大学生思政教育的主渠道，相关的政策和文件中都做出了明确规定：“思想政治理论课是大学生思想政治教育的主渠道”。习近平总书记在全国高职院校思想政治工作会议上强调“要用好课堂教学这个主渠道”。其实，两个“主渠道”相辅相成，两者之间并不矛盾，只是描述的重点、关注的角度不同，提出思政理论课程的主渠道作用，主要是从课程角度进行的论述，要求在各门课程中，思政理论课程是开展思政教育的主要渠道；提出课程教学是主要渠道，则是针对育人环节来提出的一种看法，就是在文化、网络、心理、服务、管理、实践、课程、科研的具体环节中来开展思政教育。课程教学的

① 李颖辉，杨兆山．论“育人为本”及其内在意蕴［J］．基础教育，2017（2）：14-24.

② 王永友，粟国康．思想政治教育功能的生成逻辑［J］．思想理论教育，2018（3）：45-51.

③ 韩宪洲．课程思政：新时代中国特色社会主义高等教育的理论创新与实践创新［J］．中国高等教育，2020（22）：15-17.

④ 何源．高校专业课教师的课程思政能力表现及其培育路径［J］．江苏高教，2019（11）：80-84.

主渠道就是对“课程思政”理念的贯彻落实，要求将思政教育落实到高职教育的全过程之中。

二是“同向同行”的课程定位。习近平总书记在全国高校思想政治工作会议上强调，思想政治理论课要坚持在改进中加强，其他各门课和各类课程要与思想政治理论课同向同行，形成协同效应。不容置疑的是，在同向同行的主导上，主要为思政理论课程，这也是开展相关理论教育的主要课程载体，必须严格进行把控。为此，《中共中央　国务院关于加强和改进新形势下高校思想政治工作的意见》明确指出：“要进一步办好高校思想政治理论课，充分发挥思想政治理论课的主渠道作用，深入实施高校思想政治理论课建设体系创新计划，完善教材体系，提高教师素质，创新教学方法，增强教学的吸引力、说服力、感染力。”关于其他课程，在同向同行的过程中，需要发挥出协同作用。要实现与思政理论课程之间的同向同行，就要求各门课程形成教育共同体，这就是要求在抓好思政教育基础上，又提出“课程思政”的理论和实践意义。

（三）教育优势不同

对于大学生而言，思政理论课程是一门必修课程，能够为学生提供全面、系统的思政理论教育，是具有意识形态性的课程，也是提供思政教育的一门显性课程。同时，思政理论课程有着丰富的德育元素，是基于马克思主义理论学科基础上发展的课程，在开展马克思主义理论教育和思政教育上，有着独特优势，而且做到了对不同年级、专业学生的全覆盖，让大多数的学生受益，因此，思政理论课程是开展思政教育的主要渠道。

“课程思政”的实施主要载体是专业课程与通识课程，既包括必修课程，也包括选修课程，其教育对象是以大学生为主，学科的支撑多是除了思政课程之外的其他学科。相较于思政课程，专业课程、通识课程的思政教育一般是隐性的，要求教师挖掘其中的人格培养、爱国情怀、科学精神、道德追求、传统文化等元素，为学生提供潜移默化的思想引领，并提供各类真实、生动、鲜活的案例，从而起到理想的思想价值引领作用①。有研究者从课程德育的角度认为：“课程德育实质上是隐形德育，利用非德育课程中所蕴含的丰富的德育资源开展道德教育，具有隐蔽性、渗透性等特点，这也是通过专业课程开展道德教育的一大优势所在，通过专业课程的教学渗透蕴含于其中的科学精神，让学生在接受专业知识和技能的学

① 李欣．高校隐性思政网络资源开发的困境、反思与对策［J］．高教论坛，2020（5）：11-14.

习训练时受到科学精神的熏陶，从而潜移默化地影响学生的思想、行为和价值选择。”①

“课程思政”需要充分挖掘专业课程的思政教育内涵，结合不同学科、专业的特点，把知识传授与价值引领相统一，德智并重，点面结合，在第一课堂、第二课堂中协同推进，以实现高校的人才培养目标。但是，不管“课程思政”如何重要，都是不能替代专业课程的，在“课程思政”的实践过程中，要避免出现专业课程思政化的倾向，只有明确“课程思政”与“思政课程”之间的特点，发挥出两者自身的教育优势，才能形成合力。

① 邱仁富．“课程思政”与“思政课程”同向同行的理论阐释［J］．思想教育研究，2018(4)：109-113.

第五章　高职课程思政建设的主要内容

在新时期课程思政的实施上，需要发挥出“立德树人”的作用，将学科课程、活动课程以及思政课程深度结合起来，将能力培育、知识教育、德行养成等深度结合起来，发挥出课程教学的情感认同和思想引领作用，回应“培养什么人、怎样培养人、为谁培养人”这一时代追问，以培养担当民族复兴大任的时代新人为着眼点，生成“道器合一”的课程理解，实现德才兼备、知行合一、全面发展的人才培养愿景。

第一节　高职课程思政建设的目标定位

在课程思政的实施过程中，需要将价值观引导渗透在知识的培育和传授中，让学生能够具备正确的三观，这是课程教学的改革要点，也是培育优质人才的一项必备内容。从具体的目标维度来看，在课程思政的实施上，需要从以往的知识习得、能力培育转化为思想引导、情感认同和精神涵养，这让高职院校的育人活动有了更加深刻的价值内涵。

一、思想引导

教育是关于明事理、判是非的思想建构实践。课程思政要求挖掘出学科内容中的精神内涵与思想价值，让学生能够产生正确的认知，能够辩证地分析中国特色与国际形势，深刻认识到自己的时代责任和历史使命，树立远大理想。也就是说，课程思政要求彰显出教学内容的思想性，让学生能够“察器求道”。从这一角度来看，课程思政的基本目标是发挥出思想引导作用，这要求教师在教学方案设计、知识的传授中为学生提供正确的思想引导，具体需要做到以下几点：第一，要求学生关注自我思想，使学生可正确认识自我，意识到自己的优点和不足，树立正确的职业理想和人生目标，明确权利与义务、责任与使命，并且可以沉淀自我，挖掘出自己的潜能，树立目标，为了目标而砥砺前行，这是对自我判断的澄清。第二，树立科学的知识思想。知识是人类社会发展的源泉，也是人类智慧的结晶，有着无限的力量。要发挥出知识的作用，那么知识的应用需要具备方向性，在这一基础上，就出现了“怎样应用知识”“为谁应用知识”的问题。明确知识思想，让学生可合理把握知识的技术性，这是达成课程思政的最终归属。第三，就是要树立正确的家国思想，个体的认知是会不断变化的，在教学过程中，要让学生能够明确家庭、社会、国家为自己提供的精神养料和物质基础，从而对自己做出准确定位，明确国家的前进方向，将“小我”主动地融入“大我”之中，自觉将个体、国家、社会融为一体。

二、情感认同

教育是关乎情感认同、情感升华的心理建构实践。有学者研究指出，一切有意识的人类活动均无法摆脱情绪、情感，活动的对象和目标总能牵动人的喜、怒、哀、乐、惧等基本情绪[①]。其中，情感的地位与角色不仅牵涉个体生理、心理和精神的生命体的一部分，甚至也是知识的一部分[②]。在高职教育中，学科属于知识的体系化产物，在学科的建设上，容易忽视个人的情绪，为解决上述问题，在课程思政的建设上，需要重点关注情感元素，发挥出情感体验的中介作用，提升大学生的情感认同、思想认同以及政治认同，做到“四个自信”[③]。

从这个层面来看，在课程思政的建设上，需要将情感认同作为其中的重点，在课程的设计上，需要彰显出情感因素的价值。这需要从几个方面开展：第一，通过多渠道挖掘情感元素，将显性教育与隐性教育结合起来，情感层面既有显性的情感，就是通过直观材料让学生感知的情感内容，也包括隐性的情感，就是让学生能够不知不觉感受的情感内容。除此之外，还有悟性情感，即本身虽然没有情感因素，但是能够让学生感受到内容。还有中性情感因素，这类内容并没有任何的情感因素[④]。第二，为了让学生产生情感认同，在教育环节中，需要将知识的传授融入国家、社会发展的整体框架中，让学生对自我认知有真实的情感反应，从而对知识的学习产生动力。第三，要达成情感认同的目标，需要将理智、逻辑深度

---

① 刘庆昌．教育是一种情感实践［J］．河南师范大学学报（哲学社会科学版），2017（4）：143-151.

② 朱小蔓，王平．情感教育视阈下的“情感—交往”型课堂：一种着眼于全局的新人文主义探索［J］．全球教育展望，2017（1）：58-66.

③ 高等学校课程思政建设指导纲要［EB/OL］．（2020-05-28）［2020-06-02］．http：//www. moe. gov. cn/srcsite/A08/s7056/202006/t20200603_ 462437. html.

④ 卢家楣．情感教学心理学研究［J］．心理科学，2012（3）：522-529.

结合起来，提高大学生的理性情感认同，使课程思政教育既是“理智和逻辑不断丰富、完善的过程”，同时也是“积极的社会性情感和道德情感，公共精神的培育，合作学习、团队协作的愿望”的形成过程，进而促进学生个人情绪、学科情意和社会情怀的发展和完善。

三、精神涵养

学校通过科学的教育活动，能够提升学生的精神境界，并且涵养学生的精神品质。精神是展现个体的一种外在风貌，具体表现为具备良好的思想信念。基于此，课程思政要求帮助学生坚定理想信念，以“爱党”“爱国”“爱社会主义”作为主线，提高学生的家国情怀、政治认同、法治意识以及文化素养。也就是说，在课程思政的建设上，要挖掘学科内容的精神意蕴，发挥出精神涵养的中介作用，“把国家、社会、公民的价值要求融为一体，提高个人的爱国、敬业、诚信、友善等方面修养，自觉把小我融入大我，不断追求国家的富强、民主、文明、和谐和社会的自由、平等、公正、法治，将社会主义核心价值观内化为精神追求、外化为自觉行动。……增强职业责任感，培养遵纪守法、爱岗敬业、无私奉献、诚实守信、公道办事、开拓创新的职业品格和行为习惯。”① 这一教育目标的顺利实现，需要彰显出学科内容的价值理性，让学科课程的精神涵养功能可以得到最大限度的发挥。

从课程思政的实施角度来看，要求挖掘出课程的伦理价值和道德内容，提高学生的精神品质，涵养他们的精神境界，让大学生的思想、行动、情感有了相同底色，为学生的成长提供更为广阔的道路。其内涵包括三个方面：第一，培育学生的探索精神。在学科教育上，需以学科精神作为价值引领，鼓励学生精益求精、开拓进取。例如，在人文学科知识上，为学生提供真善美的引导；在社会学科知识上，开展求善精神指引；在自然学科知识上，让学生具备严谨的态度等。第二，培育公共生活品质。课程思政还要求挖掘出课程内容的社会使命与社会功能，鼓励学生主动交流、合作，提高学生的社会实践能力，使之具备良好的社会责任感，成为时代所需的高素质新人。第三，让学生具备民族复兴的志向。在中华民族的发展历程中，民族精神是其核心所在，在课程思政的实践过程中，还应当将学科教育与中华民族的伟大复兴结合起来，凸显出学科发展的脉络，为学生展现出真实的文化立场和民族背景，使学生具备良好的民族精神。

---

① 教育部．高等学校课程思政建设指导纲要［EB/OL］．（2020-05-28）［2020-06-02.］http：//www. moe. gov. cn/srcsite/A08/s7056/202006/t20200603_ 462437. html.

第二节 高职课程思政建设的元素挖掘

课程思政元素是指非思政课程教学中蕴含的、与思想政治理论课同向同行的思想政治理论知识、价值理念以及精神追求等德育教育的具体内容。课程思政元素挖掘的主要依据是国家、省市有关文件，以及相关研究成果。

2013 年中共中央办公厅印发的《关于培育和践行社会主义核心价值观的意见》。

2016 年 12 月习近平总书记在全国高校思想政治工作会议上的重要讲话。

2016 年 9 月北京师范大学发布的《中国学生发展核心素养》研究成果。

2017 年 12 月中共教育部党组《高校思想政治工作质量提升工程实施纲要》。

2017 年中共中央办公厅、国务院办公厅印发的《关于实施中华优秀传统文化传承发展工程的意见》。

2018 年习近平总书记在全国教育大会上的重要讲话。

2019 年中共中央、国务院印发的《新时代公民道德建设实施纲要》。

2019 年中共中央、国务院印发的《新时代爱国主义教育实施纲要》。

2020 年教育部印发的《高等学校课程思政建设指导纲要》。

一、课程思政元素挖掘的原则

课程思政元素挖掘按照明确专业（群）定位、确定课程育人目标、构建课程内容框架、挖掘课程思政元素、形成课程思政元素图谱的一般步骤，主要遵循以下原则：

（一）与培养目标相吻合

根据教育部专业教学标准和学校人才培养方案，紧紧围绕人才培养目标，确定专业课程的课程思政目标，不追求“高大上”或大而全，更不主观臆断、凭空编造，要以课程思政目标为指导，深入挖掘思想、政治、道德等方面元素，做到魂聚不散，更好地落实立德树人的根本任务。

（二）与专业属性相契合

不同专业面向不同的产业、行业和岗位，不同的行业、产业有不同的发展历史和背景，不同的岗位有不同的专业知识、技术和伦理侧重点，课程思政元素的挖掘要与专业知识、能力培养的特点相一致，达到春风化雨的育人效果。

（三）与课程内容相融合

每门课程有其各自的知识和技能，也有各自不同的思维方法和价值理念，课程思政元素的挖掘要与课程特点相一致，使课程中的思政元素从本课程中自然长出，与知识、技能相得益彰、合而为一，实现润物无声的育人效果。

二、课程思政元素的挖掘重点

课程思政教育主要是紧紧围绕坚定学生理想信念，以爱党、爱国、爱社会主义、爱人民、爱集体为主线，围绕政治认同、家国情怀、文化素养、宪法法治意识、道德修养等重点，因此，课程思政元素的挖掘可以从政治认同、家国情怀、中华优秀传统文化、价值取向、道德素质、法治素养、身心健康、职业精神等八类入手，其中，政治认同主要包括毛泽东思想、邓小平理论、“三个代表”重要思想、科学发展观、习近平新时代中国特色社会主义思想，以及理想信念等方面；家国情怀主要包括民族精神、时代精神、革命历史、建设历史、国家安全等方面；中华优秀传统文化主要包括中华优秀传统文化核心思想理念、中华传统美德、中华人文精神、湖湘文化、中华传统文化载体、行业发展与文化、校本文化等方面；价值取向主要包括世界观、人生观、社会主义核心价值观等方面；道德素质主要包括社会公德、职业道德、家庭美德、个人品德等方面；法治素养主要包括法律意识、宪法、民商法、行政法、经济法、社会法、刑法、专业法规与专业伦理等方面；身心健康主要包括身体健康、健康人格、和谐的人际关系、人格修养等方面；职业精神主要包括遵纪守法、爱岗敬业、无私奉献、诚实守信、公道办事、开拓创新等方面。

（一）公共基础课程

紧密结合学生的专业背景和学习内容，在提高其思想道德修养、人文素质、科学精神、宪法法治意识、国家安全意识和认知能力的基础上，注重在潜移默化中坚定学生理想信念、厚植爱国主义情怀、加强品德修养、增长知识见识、培养奋斗精神，提升学生综合素质。体育类课程，尤其要帮助学生在体育锻炼中享受乐趣、增强体质、健全人格、锤炼意志。美育类课程则要注意提升审美素养、陶冶情操、温润心灵、激发创造创新活力。

（二）财经商贸类专业课程

从行业、国家、国际、文化、历史等角度，增强课程的知识性、人文性、创新性、实践性。介绍中国历朝历代的治国方略、财经商贸行业改革发展、当前经济发展、对外开放等改革历程和改革成就，传递中国特色大国外交理念、人类命运共同体理念、生态发展理念、区域协调发展理念、开放发展理念，帮助学生了解绿色经济战略、一带一路战略、健康中国、美丽中国、安全中国、依法治国方略等一系列财政商贸相关国家战略、法律法规和相关政策，让学生了解中国国情、解构中国问题、介绍中国经验、提炼中国解决方案，感悟中国智慧，增强学生对中国特色社会主义道路及中国特色社会主义市场经济的认同感，引导学生厚植爱国主义情怀。展示中国商贸、中国港口、中国航运等中国发展、中国故事，提升学生的自信心、使命感、民族认同感，培养学生胸怀祖国、面向世界的情怀和价值观，理解中国的大国担当和大国自信，使学生树立包容合作的贸易观和义利观。帮助学生了解经济规律、市场规则、行业法律法规，引导学生敬畏市场、敬畏法律，树立风险意识、法治思维。弘扬律己修身、尊道贵德、诚实守信、天下为公、以义制利、自强不息、惩恶扬善等中华传统文化，引导学生深入社会实践、关注现实问题，培育学生经世济民、诚信服务、德法兼修的职业素养。树立科学规划、分析的方法意识，科学严谨的工作作风，树立实事求是、具体问题具体分析的思想方法与工作方法，培养学生科学规范的工作方法和严谨治学的态度。注重学思结合、知行统一，增强学生勇于探索的创新精神、善于解决问题的实践能力。激发学生的创新意识，培养学生的创新精神，掌握创新思维的方法，让学生“敢闯会创”，在亲身参与中增强创新精神、创造意识和创业能力。

（三）装备制造类专业课程

在课程教学中把马克思主义立场观点方法的教育与科学精神的培养结合起来，提高学生正确认识问题、分析问题和解决问题的能力。联系中国制造大政方针、国家科技政策及发展战略，增强国家认同，引导学生树立远大的理想和爱国情怀，培养学生的社会责任感和使命感。总结我国工业技术领域的弱点，让学生意识到自主创新的紧迫性，鼓励学生养成探究专业前沿的习惯和创新思维，培养学生的社会使命感和积极探索、勇于创新的科学精神。结合安全生产管理流程和质量工作规范，引导学生自觉执行国家技术标准、质量标准和设备操作规范，注重工程伦理，提升学生质量意识、规范意识、安全意识，培养学生科学严谨、一丝不苟的工作态度和安全严谨的工作理念。融入专业定理、专业名人、专家学者及专业历史等，培养学生安全环保、爱岗敬业、一丝不苟、精益求精、团队合作、勇于探索、克服困难、专注执着的职业精神。走近世界技能冠军和劳动模范，结合专业实践，引导学生要有责任和担当意识，培养学生专注、敬业、精益求精的工匠精神和恪尽职守、奉公守法、诚实守信、吃苦耐劳的职业道德。引导学生脚踏实地，培养尊重科学、尊重实验、尊重数据分析的科学思维，勇于探索、追求卓越的创新精神，团结协作、取长补短的团队合作精神，学思结合、知行合一的实践精神。

（四）电子信息类专业课程

要在课程教学中把马克思主义立场观点方法的教育与科学精神的培养结合起来，提高学生正确认识问题、分析问题和解决问题的能力。联系中国电子信息产业大政方针、国家科技政策及发展战略，增强国家认同，引导学生树立远大的理想和爱国情怀，培养学生的社会责任感和使命感。分析国内外电子信息产业发展情况及趋势，结合技术封锁，让学生领悟掌握核心技术的重要性，激发学生的爱国热情，鼓励学生养成探究专业前沿的习惯和创新思维，培养学生的社会使命感和积极探索、勇于创新的科学精神。引入国家在政治、经济、文化、信息、技术等领域的安全需要和保密措施，增强学生的国家安全意识和爱国情怀。融入专业原理、专业名人、专家学者及专业历史等，培养学生辩证唯物主义的科学观和安全环保、爱岗敬业、一丝不苟、精益求精、团队合作、勇于探索、克服困难、专注执着的职业精神。走近世界技能冠军和劳动模范，结合专业实践，引导学生要有责任和担当意识，培养学生专注、敬业、精益求精的工匠精神和恪尽职守、奉公守法、诚实守信、吃苦耐劳的职业道德。引导学生脚踏实地，培养尊重科学、尊重实验、尊重数据分析的科学思维，勇于探索、追求卓越的创新精神，团结协作、取长补短的团队合作精神，学思结合、知行合一的实践精神。

（五）旅游类专业课程

要深挖课程蕴含的国家、国际、文化、历史等人文知识，培养学生高尚的爱国情怀，做好国际上的文化使者和民间外交家。介绍各地自然、文化等旅游特色资源，让学生感受我国悠久的历史、丰富的资源和绚烂的文化，激发学生热爱中华传统文化的情愫，增强学生的家国情怀和文化认同感。展示各地的吃、住、行、游、购、娱，让学生感受国强民富的时代发展，美好生活的变迁，增强学生民族自豪感。融入绿色发展、生态文明建设、科技兴国等时代主题，引导学生树立资源、环境保护意识。注重各类安全防范知识、旅游行业法律法规，引导学生敬畏生命、敬畏法律，树立高度的社会责任感、安全意识、主人翁意识和法治思维。帮助学生了解旅游行业法律法规、专业伦理、行业管理和岗位操作规范，培育学生敬业爱岗、诚信服务、德法兼修的职业素养。树立科学规划、分析的方法意识，科学严谨的工作作风，树立实事求是、具体问题具体分析的思想方法与工作方法，培养学生科学规范的工作方法和严谨治学的态度。注重学思结合、知行统一，增强学生勇于探索的创新精神、善于解决问题的实践能力。激发学生的创新意识，培养学生的创新精神，掌握创新思维的方法，让学生“敢闯会创”，在亲身参与中增强创新精神、创造意识和创业能力。

（六）建筑类专业课程

要在课程教学中把马克思主义立场观点方法的教育与科学精神的培养结合起来，提高学生正确认识问题、分析问题和解决问题的能力。引导学生关注我国的超级工程，引导学生关注超级工程的建设者，提高学生的民族自豪感和优越感。介绍建筑学科发展、专业与行业发展现状和前沿问题，培养学生从事建筑事业的责任感、使命感，激发学生科技报国的家国情怀和使命担当。体验中国古代建筑的结构之美，学习传统建筑中蕴含的思想和文化，增强民族自豪感和文化自信，提升人文素养。引入建筑大师（或知名建筑）的成长（建造）经历和作品，体验耐心、细心、专注、创新和敬业的建筑匠心，使学生“亲其师，信其道”，培养学生对建筑事业的认同感、责任感和精益求精的大国工匠精神。介绍建筑设计、选材、施工中的质量管理，引导学生分析建筑行业的质量问题、安全问题、环境保护问题和社会影响问题，注重强化学生工程责任伦理、安全与环境伦理规范教育，遵守建筑行业职业道德准则，培养学生遵纪守法、敬业爱岗、质量至上、讲究信誉的职业道德。注重绿色、低碳、循环的生态理念，引导追求一种新的节约式、环保式和可持续发展式的经济发展模式。引导学生脚踏实地，培养尊重科学、尊重实验、尊重数据分析的科学思维，勇于探索、追求卓越的创新精神，团结协作、取长补短的团队合作精神，学思结合、知行合一的实践精神。

（七）艺术类专业课程

要在课程教学中教育引导学生立足时代、扎根人民、深入生活，树立正确的艺术观和创作观。充分挖掘项目背景中的文化内容，如民族文化、地域文化、历史文化，引导学生自觉传承和弘扬中华优秀传统文化，增强文化自信。充分利用中国元素、中国文化和中国故事，体现中国特色、意识和价值观追求，坚持以美育人、以美化人，积极弘扬中华美育精神，全面提高学生的审美和人文素养。引导学生关注社会热点话题，抓住时代发展的主题，引导社会舆论，弘扬真善美，抨击假恶丑，传播社会主义核心价值观，推动社会进步以及对外传播好中国声音、中国好形象。引入艺术大师（或经典作品）的成长（创作）经历和作品，体验专注、创新和敬业的艺术匠心，使学生“亲其师，信其道”，培养学生对文化事业的认同感、责任感和精益求精、追求卓越的工匠精神。

(八) 实践类课程

专业实验实践课程，要注重学思结合、知行统一，增强学生勇于探索的创新精神、善于解决问题的实践能力。教育学生尊重原创、诚信学习、勤于思考、敢于创新，培养学生精益求精、追求卓越的工匠精神。引导学生学会尊重他人，自觉遵守学习纪律，注重操作现场的6S管理（即整理、整顿、清扫、清洁、素养、安全），培养良好的生活和工作习惯。注重教育和引导学生弘扬劳动精神，将“读万卷书”与“行万里路”相结合，扎根于中国大地了解国情民情，在实践中增长智慧才干，在艰苦奋斗中锤炼意志品质。

三、课程思政元素的挖掘应用

课程思政元素的挖掘与融入点紧密相关，只有将价值塑造的元素有机融入能力培养和知识传授之中，才能更好地落实立德树人的根本任务。课程思政元素挖掘应用要根据教学对象、课程特点、教学内容、时代主题、发展态势，因事而化，因时而进，因势而新，因人而施。

(一) 因事而化

课程思政要将思政元素融入相应的事件中去，引导学生“消化”理解，并最终内化为自身的价值体系，外化为行为习惯。在遵循教学规律和执行教学目标任务下，要根据不同课程特点、不同教学内容选择不同的课程思政元素和融入方式，组织不同的“事”来化育人心，根据不同的教育对象采取不同的方式来呈现“事”，根据教学过程中突发的“事”来现身说法、现场引导。要把习近平新时代中国特色社会主义思想与具体的“事”相结合，关注国家、社会和身边发生的与学生息息相关的可触、可感、可学的“事”，结合身边大小事，把有意义的事情讲得有思想，引导学生在“事”中“潜移默化”。

(二) 因时而进

课程思政要把准学生的思想脉搏，积极回应学生的思想关切，帮助学生解疑释惑，引领学生成长成才。要紧跟时代发展、紧扣时代脉搏、顺应时代潮流、反映时代要求，牢牢抓住学生思想政治教育的时代主题，捕捉课程思政时机，因时制宜、应时而动、顺时而进。以有思想、有温度、有品质的课程思政激活学生的理想追求，激励更多学生敢于有梦、勇于追梦、勤于圆梦。

（三）因势而新

课程思政要适应情势的演进常态，结合世界新变局、社会新变革，适应广大学生网上学习生活的新常态，深化课程思政改革，不断创新学生思想政治教育，全面提高学生缘事析理、明辨是非的能力，培养学生成为德才兼备、全面发展的人才。

（四）因人而施

课程思政要根据学生的不同采取不同的融入方法，用贴近学生的语言、乐于使用的教学方式、喜闻乐见的教学内容，巧妙地寓社会主义核心价值观的精髓于多样化课堂教学之中，提高学生对专业课程学习和国家命运的关注度，引发学生的知识共鸣、情感共鸣、价值共鸣，培养中国特色社会主义事业的合格建设者和可靠接班人。

第三节　高职课程思政主体的胜任力培育

推进课程思政建设，教师是主体，是关键。2020 年 6 月，教育部印发《高等学校课程思政建设指导纲要》，明确提出了全面推进课程思政建设，要多措并举提升教师课程思政建设的意识和能力。同时，要推动广大教师进一步强化育人意识，找准育人角度，提升育人能力，确保“课程思政”建设落地落实、见功见效①。由此可见，纲要明确了广大教师需要具备融入学科专业、结合工作实际进行课程思政教育的“胜任力”。专业课教师是课程思政建设的主力军，在构建全员全程全方位育人大格局的关键之际，需要进一步深入研究高职院校专业课教师胜任课程思政建设应具备的素养结构，找准当前高职院校专业课教师课程思政教学能力存在的不足，探索高职院校专业课教师课程思政胜任力的提升路径，才能更准确、有效地贯彻好课程思政教育方针，提高课程思政的育人质量。

一、课程思政胜任力构成

1973 年，哈佛大学教授戴维·麦克利兰提出胜任力理论。他认为，胜任力是指一个人要取得优秀绩效所必须具备的动机、知识、认知、技能、能力和特质等②。在此基础上，“冰山模型”进一步阐释了胜任力的要素及

① 教育部．高等学校课程思政建设指导纲要［EB/OL］．（2020－05－28）［2020－06－02］．http：//www. moe. gov. cn/srcsite/A08/s7056/202006/t20200603_ 462437. html.

② 金礼舒．基于胜任力理论的高职院校“双师型”教师队伍建设［J］．教育与职业，2019（24）：53－56.

结构，包括知识、技能、心理定式，以及思考、特质、自我形象、社会性动机、思维模式、感知等。有研究认为，专业课教师课程思政胜任力包括个人特质、思政认识、知识技能①，但指标内容缺乏对课程思政内涵的解读，研究结论没有涉及高职专业课教师课程思政胜任力的现状以及能力提升途径等。

因此，高职院校专业课教师课程思政胜任力可以理解为推动课程思政教学改革及资源建设、实施课程思政教学应具备的教书育人能力，以及区别于专业思政课的教学风格等特征的教学能力总和。

通过采取行为事件访谈法，笔者在高职院校选取了 18 名专业课课程思政教学改革获奖教师和 12 名普通专业课教师，进行深度访谈。围绕主题，采取开放式访谈，让访谈者描述在课程思政教学改革工作中，自我认为最成功的三件典型事件和最不成功的三件典型事件，形成由个人特质、思政认知、教学素养及创新素养 4 个一级指标，15 个二级指标，构成的高职院校专业课教师课程思政胜任力模型。

（一）个人特质

"亲其师而信其道"，教师唯有端正自身的政治信仰，拥有高尚的道德情操、丰富的科学人文精神，才能成为学生锤炼品格、学习知识、形成创新思维、最终奉献祖国的引路人。可见，高职专业课教师要有堂堂正正的人格，学高为师、身正为范，成为经师人师，不仅要用真理的力量感召学生，以深厚的理论功底教育学生，更要用高尚的人格感染学生、赢得学生，自觉做为学为人的表率，才能让课程思政有感染力、亲和力、号召力。高职专业课教师个人特质外在形式包括具有端正的人格、端正的行为品德；热爱职业教育事业，热爱教师职业；具有较强的语言魅力和课堂感染力；具有高尚的职业道德等。

（二）思政认知

顾名思义，思政认知是对课程思政的认识，这是决定能否精准有效贯彻课程思政理念的关键因素。一方面，高职专业课教师要对本专业的知识有深刻理解，掌握精湛的实操技术；另一方面，要有坚定的政治素养，坚定地认同思政教育，才能将相关的课程思政价值理念等在课堂教学过程中有效地传递给学生。高职专业课教师课程思政认知包括：坚定的政治素养，认同课程思政教育理念；具备课程思政教育的意识和思维，树立传授

---

① 赵光，孙伟锋，仲璟怡．"课程思政"视域下高校教师胜任力模型构建研究［J］．南京社会科学，2020（7）：136-143.

专业知识与塑造价值相结合的教育理念；具有积极的课程思政教学态度，能够主动地将课程思政的价值引领纳入教育教学大纲等。

（三）教学素养

教学素养是一个专业课教师在开展课程思政教学中所应具备的基本的教育教学素养。主要包括三方面内容：一是课程思政教学设计能力，包括思政元素的挖掘能力，思政元素有机融入知识、能力、素质教学目标，科学运用教学方法及设计教学活动，思政案例运用等能力，是一种“挖掘—转化—融入”的系列能力。二是课程思政教学实施能力，要具备渊博的科学文化知识、必备的教育理论知识、良好的语言表达能力、有效的教学组织和管理能力，能够遵循学生的认知规律，合理讲解思政元素，有序组织课堂教学；能够灵活运用教学方法、合理利用信息技术和现代教育技术；能够合理评价课堂教学，针对学生学习反馈及时调整教学等。三是课程思政教学资源建设能力。课程思政教学不是“拿来主义”“无米之炊”，是要紧密结合专业课程内容，合理挖掘其中的思政元素，充分建设好实实在在的思政教学素材，例如，案例、日志、平台、教材等。

（四）创新素养

创新素养是指专业课教师在挖掘课程育人价值、开展教育教学的各个环节中，综合运用不同的育人理念、方法、案例等，实施对学生的思想政治教育，润物无声般对学生进行价值观引领，从而实现知识传递与价值观引导的完美融合。课程思政是具有时代特征的重大教学改革，如何精准施教、满足时代需求是一个不断探索、创新的过程。课程思政教学创新包括具备一定的教学创新能力，能够将教学过程与学科前沿、热点和国内外发展新形势相结合；能够开展课程思政教学改革，研究新思想、新方法在专业课程中的应用等。

课程思政胜任力的各个素养之间并不是独立成体系，彼此割裂发展，而是存在相互渗透和相互制约的关系。所谓相互渗透和相互制约是指各素养之间存在紧密关系，并且在特定条件下能够转化或退化为另一种能力素养，能够促进或限制另一种能力素养的提升。个人特质、思政认知就如同是课程思政教育的“根基”，教学素养是课程思政教学的“枝干”，创新素养是课程思政教育的“花、叶”，个人特质、思政认知过硬能够鞭策自身学习先进的育人手段和方法，进而提高教学素养，打牢教学素养才能对课程思政有更为深刻的认识和体验，才能为合理的创新奠定基础。如果个人特质、思政认知差，课程思政教育将是“虚伪的”“空洞的”和没有灵魂的说教，自然也就不会致力成为经师人师，不会关注学生价值观的塑造，教学素养、创新素养提升的意愿和效率低。高职专业课教师课程思政胜任力构成，见表5-1所列。

表5-1　高职专业课教师课程思政胜任力构成

个人特质	具有端正的人格和端正的行为品德
	具有较强的语言魅力和课堂感染力
	热爱职业教育事业，热爱教师职业
	具有高尚的职业道德
	具有较好的政治素养，认同课程思政教育理念
思政认知	具备课程思政教育意识和思维，树立传授专业知识与塑造价值相结合的教育理念
	具有积极的课程思政态度，能够主动地将课程思政的价值引领纳入教育教学大纲
	具有扎实的专业知识、思政知识储备，具备课程思政元素与专业知识融合的能力
教学素养	具有较强的课程思政教学设计能力和思政元素的挖掘能力，能将思政元素有机融入知识、能力、素质教学目标
	具备一定的信息素养和信息技术运用能力，能够灵活使用各种教学方法，合理运用课程思政案例，实现知识传授与价值传播的有机融合
	能够合理评价课堂教学，针对学生学习反馈及时调整教学，理解学生的学习需求并关心学生的学习过程
	具备课程思政教育资源建设能力
创新素养	具备与思政课教师联合开展跨学科教学研究的能力
	能够开展课程思政教学改革，研究新思想新方法在专业课程教学中的应用
	具备一定的教学创新能力，能将教学过程与前沿热点和国内外发展新形势相结合

二、课程思政胜任力提升策略

调查显示，高职院校专业课教师课程思政胜任力整体水平一般，并且创新能力素养亟待提升；不同性别、学历、职称之间的专业课教师课程思政胜任力不存在显著差异，不同教龄、学院之间的专业课教师课程思政胜任力存在显著差异。针对高职院校专业课教师课程思政胜任力现状，可以从以下几方面提升其课程思政胜任力。

（一）提高思政素养

有效的课程思政教学关键在教师，核心是教师自身的思想政治素养要过硬。针对高职专业课教师思政素养整体一般的现状，需要构建“内生加外引”的高职专业课教师思想政治素养培养体系。

首先，国家层面需进一步加强党的全面领导，夯实教师开展课程思政建设的思想政治基础。教育管理部门应把提高教师思政认知作为推动高职院校课程思政教学改革的重点抓手，进一步明确个人特质、思政认知的构成要素并将这些要素纳入课程思政教学名师评选的指标之中，强化对高职专业课教师的“四史”专题教育，重点解决教师的思想认识问题，深入学习和领悟习近平新时代中国特色社会主义思想，增强高职专业课教师培养新时代社会主义建设者和接班人的使命感，坚定做好为党育人、为国育才的人民教师角色。

其次，高职院校层面要围绕课程思政建设完善教师发展体系，强化教师主体自觉和制度保障。高职院校要充分做好顶层设计，成立课程思政建设工作组，出台课程思政建设方案，建立课程思政教学相关制度，组建课程思政教学团队并有序组织开展教师教学素养培训。要通过多种形式的宣传，引导全体教师充分认识到课程思政对高职人才培养的重要意义，科学地认识课程思政的内涵。建立思政素养考核、评价制度，形成课程思政常态化培训，从而推进教师队伍思政素养的有序提升，打造思想政治素质过硬的师资队伍。

再次，教师个体层面要树立课程思政教学的思想意识和自觉追求，激发为党育人、为国育才的内生动力。高职专业课教师应当重视政治素养，以深厚的家国情怀，深刻认识“皮之不存毛将焉附”的道理，深刻认识到当前国内外的形势和国家发展的迫切需求，从时空的维度看待课程思政教学的价值。一是通过阅读原著、党课学习、讲座报告等形式学习马克思主义理论相关知识，运用马克思主义立场观点看待发展现象，保持政治的敏感性，提高自我的政治素养。二是注重自我德育能力的培养，做到课上和课后一致、网络和现实一致，自觉弘扬社会主义核心价值观，善于积累德育素材，积极传递正能量。三是提高自我人格素养，高职教师要为人师表，知行统一，具有“师爱为魂，学高为师，身正为范，理念为先”的师德风范，用真理的力量感召学生，以深厚的理论功底赢得学生，自觉做为学为人的表率。

（二）提升教学能力

基于调研结论，不同教龄、学院之间的专业课教师课程思政胜任力存在显著差异。因此，应尝试构建分层分类的课程思政教学能力培训体系，以赛促教、组建“老中青”结合的教师团队，搭建跨学院、多专业的课程思政建设交流平台，坚持统筹推进、兼顾差异的原则，切实增强专业课教师课程思政教学能力。

一是以能力培训为渠道，构建分层分类的课程思政教学能力培训体系。高职院校围绕课程思政内涵、建设路径、课程思政教学能力提升等，组织开展课程思政专题培训会、课程思政骨干教师研习营、课程思政建设成果分享会、课程思政观摩等系列培训活动。教师发展中心可以联合各二级学院教师发展分中心，建立课程思政常态化的培训机制，重点针对工科学院，定期有针对性地开展课程思政教学辅助培训。组织获奖教师落实课程思政建设成果分享会，一对一指导工科类教师课程思政改革。以专业群为载体，建设一批文科和理科相结合的跨学院课程思政教学团队，推动文理之间的互补、共进。

二是以教学比赛为抓手，提高高职专业课教师课程思政教学能力。以赛促建、以赛促改，搭建“育赛建改评”五位一体的课程思政教学能力提升机制。高职院校通过课程思政说课比赛、课程思政优秀教学设计评选等形式，引导教龄在5年以下的专业课教师和教龄较长的教师组建参赛团队，通过团队让教龄在5年以下的专业课教师掌握课程思政教学技巧，提升其课程思政教学能力。在参赛团队培育的过程中，可以依托课程思政教学名师，对相近专业教师开展“传帮带”的培养活动，分享课程思政教学实践中积累的经验，找准课程思政教学中存在的问题，探索课程思政教学改革的思路方法等，以点带面培育一批课程思政教学骨干力量，让课程思政教学师资队伍结构更趋合理。

三是以平台建设为依托，提升高职专业课教师课程思政教学的实践能力。高职院校要充分利用信息化教学平台，引导教师注重教学资源建设，开发教材、题库、案例、MOOC 等资源①，建立线上线下相结合的专业课程体系，建立课程思政品牌课程、课程思政精品在线课程等。其一，以教改项目立项的形式资助教师开展教学研究，进行教学改革，建设课程思政教学资源，以丰富的专业课程思政内涵、有效的教育教学方法、多元的思政元素挖掘与融合途径等，探索理论研究到课堂教学实践的策略，进而提升自身课程思政教学的实践能力。其二，建立课程思政教学改革交流对话平台与机制，建立专业课教师与思政课教师“手拉手”集体备课制度，全

① 孙志强，孙斌．地方应用型院校“课程思政”育人体系研究［J］．教育理论与实践，2020（24）：28-30.

面提升课程思政教改水平。通过纵向跨学段（贯通高中部与高职大专）、横向跨学科，推动高职院校建立思政课教师与其他学科专业教师交流、切磋、研讨、提升机制[①]。

（三）提升创新能力

针对高职专业课教师课程思政教学创新素养不理想的问题，依托团队建设，建立课程思政教学发展共同体。各团队成员有着不同的知识结构与存量，不同的思维模式，在集体备课、研讨、沙龙等过程中，分享、交流、反思，进而激发团队的创新活力。

一是建设课程思政教学创新团队，创新课程思政教学模式。《国家职业教育改革实施方案》提出："分专业建设一批国家级职业教育教师教学创新团队。"高职院校在执行过程中可以适量建立校级课程思政教学创新团队。课程思政教学创新团队可以按专业群为基本单位进行组建，以课程思政教学改革名师为"头雁"，建立年龄、梯队、职称和知识结构合理的团队，在共同开展课程思政研讨、编制课程思政教学大纲、编写团队课程思政教改方案、建设课程思政精品课程、实施课程思政教学实践中，交流、反思、启迪智慧，进而提出创新观点，推动课程思政教学向深处改革，实现专业教育向专业育人转变，提升团队教师课程思政教学设计实施能力、课程思政资源建设能力、课程思政教学评价能力、团队协作能力和信息技术应用能力。

二是建立课程思政与思政课程混编教师团队，形成育人合力。通过跨学院整合专业课、公共课教师与思政课教师组建混编教师团队，充分发挥思政课教师的理论优势和思政教学经验，为专业课、公共课教师挖掘思政元素提供思路和理论指导；通过共同开展教学研讨、集体备课、设计教学环节等内容，进行交流互鉴，启迪创新，提升专业课、公共课教师课程思政的教学效果；帮助思政教师积累思政教学的素材，提高学识涵养，充实思政教学内容，进而形成育人合力，构建"大思政"的育人局面。

三是建立课程思政宣讲团队，营造课程思政教学创新氛围。以课程思政教学名师、课程思政说课比赛获奖者等为成员，组成课程思政宣讲团，以构建全员、全过程、全方位的思政工作格局为目标导向，面向全体教师开展课程思政教学示范、课程思政教学宣传等系列工作，引导教师在课程思政教学中的创新活动，营造浓烈的课程思政教学创新氛围，让课程思政成为全体教师日常教学的必修科目。

---

① 冯宝晶. 高职院校"课程思政"面临的困境与提升策略［J］. 职业技术教育，2020（20）：76-79.

第六章　高职课程思政建设的现状分析

“课程思政”的提出具有一定的特殊性，是针对各门专业课、通识课提出，要求教师在开展专业教育的过程中，要彰显出价值教育的作用。就当前高职院校的教育实践来看，尽管“课程思政”的建设取得了突出成果，但是毋庸置疑的是，并非所有的学校、教师、学生都明确认识到“课程思政”的内涵与意义，究其根本原因，主要是由于高职院校的教育制度不够完善，部分教师理论水平偏低等，要解决现行的问题，必须直面挑战，明确高职院校在“课程思政”建设上存在的问题，分析问题原因，探究出有针对性的解决方案。

第一节　高职课程思政建设的主要成就

十八大以后，党中央对于思政教育工作予以高度重视，致力于建设伟大工程与伟大事业，坚持将“立德树人”渗透在高等教育中，培育高素质的社会主义接班人，促进学生在德、智、体、美、劳等方面的全面发展。“课程思政”属于实现立德树人任务的有效举措之一，2014 年，上海市委、市政府提出了“课程思政”理念，此后，迅速得到各个高职院校的推崇，在全国范围内，大量的高职院校投入“课程思政”的改革工作中，从理论、实践方面进行改革，取得了突出成果。以学校地域、层次及性质为依据，通过查阅官网通知、公众号、了解相关教学活动实施方案等方式列举了部分院校“课程思政”建设取得的成绩。

一、“课程思政”的理论教学日渐丰富

在“课程思政”理念提出之后，各个高职院校都在“课程思政”的建设上投入了大量的人力、物力与财力，试图挖掘出专业课程中蕴含的思政教育内容，为立德树人任务的实现提供支持。当前，“课程思政”已经在各门学科的理论教学中得到了广泛使用，涵盖管理学、艺术学、医学、文学、法学、理学等内容中，从目前部分高职院校在实践上取得的成就来

看，主要体现在以下两方面：

第一，发挥思想政治理论课的主渠道作用，建立“示范马院”。思政理论课程有着一定的特殊性，是开展马克思主义理论教育的一项核心课程，在高职大学生的思政教育中，发挥着极为重要的作用，这也是思政教育的“主渠道”。在社会的发展下，思政理论教育也在与时俱进，根据时代诉求来创新方法，从2015年开始，各个高职院校初步建设了“课程思政”教育体系，“课程思政”教育改革工作进行得如火如荼，在具体实践中，不仅要求做好试点工作，上好思政理论课程，还要将专业课程、综合素养课程结合起来，让“课程思政”的改革工作可以深入地落到实处。从近年来的改革实践来看，各个高职院校在“课程思政”的教育方法上，均取得了明显成果，通过混合式教学法、问题式教学法与实体课堂教学法的结合，充分激发出学生参与“课程思政”的主观能动性；同时，引导学生自己动手，通过各种渠道来寻找文献，参与校园调研、主题辩论、主题演讲活动，彰显出学生的主观能动性，并以小组为单位，组织了一系列的活动，鼓励学生各抒已见。在这一过程中，教师为学生提供引导、点拨，为学生答疑解惑，在这种模式下，学生对所学内容产生了深刻的感知和理解，也拓展了学生的思维能力。还有的高职院校在上述基础上进行了创新，推行“1+4”教育模式，即由1个多元组合的教学团队轮流走进思政课堂授课，同时引入“大班教学、小班讨论、社会实践、网络教学”等四个环节的多课堂教育。教学团队的教师由优秀辅导员、学校党政领导和相关职能部门负责人等组成。

第二，挖掘各类课程的思想政治教育资源，使其与思想政治理论课同向同行。在具体的实践中，思政理论课程是显性的，其他课程则是隐性的，要实现“课程思政”的目标，需要将显性课程与隐性课程深度结合起来。在通识教育上，致力于打造“中国系列”的品牌课程。例如，有的高职院校基于自身的特点设置了系列课程，针对学生诉求来开设了品牌课程活动，让“中国自信”能够入脑、入心，让学生深刻认识到崇高理想信念、价值追求的重要性。在专业课程的教学上，一些高职院校尝试实施试点课程，将专业课程、思政教育课程融合起来，充分发挥出专业课程的育人作用。

二、“课程思政”的实践活动日渐增多

理论对于实践有着重要的指导价值，如果理论无法应用到实践中，那么就会成为一潭“死水”。“课程思政”是开展思政教育的一种新理念、新方法，也是典型的理论教育，但是其价值却是真实的实践价值。真正的理

论在世界上只有一种，就是从客观实际抽出来又在客观实际中得到了证明的理论[①]。为了防止“课程思政”的实施让学生产生抽象化的禁锢，在“课程思政”的实施上，需要与实践进行结合，提升思政教育的感染力和吸引力。

第二节　高职课程思政建设面临的困境

《高等学校课程思政建设指导纲要》指出：“全面推进课程思政建设，就是要寓价值观引导于知识传授和能力培养之中，帮助学生塑造正确的世界观、人生观、价值观。”新时代下，“课程思政”建设在基于国情、校情及生情的基础上，结合新时代大学生固有的思想特点，将立德树人润物细无声地贯穿到教育教学的全过程中，取得了丰硕的成果，但是还存在一些问题。

一、高职课程思政建设的主要问题

从现行的研究来看，“课程思政”建设的问题主要表现在几个层面：首先，在管理上，学校的重视度不够；其次，在实施上，专业课教师未承担起应有的责任，没有将价值引领与专业育人深度结合起来，教师的育人意识淡漠；再次，在主体上，立德树人的重点，就是要激活学生的主体意识，而部分教师对专业课程中的思政教育不认可，也没有深刻意识到“课程思政”的育人本质。

（一）部分高职院校的重视程度不够

在国家经济的发展进程中，高职院校是一个重点场所，承担着“培育优质人才”“建设思想文化”的重要任务[②]，在高职院校的育人工作中，其生命线就是要做好自身的建设工作。“课程思政”是当前高职院校创新育人模式的一项新尝试，在思想上的重视度如何，专业课教师的认可度如何，这直接影响“课程思政”的建设成效。在具体的教学中，部分高职院校的认知存在偏差，由于重视程度的不足，“课程思政”的建设成果也出现了显著差异。

2014 年 5 月 30 日，习近平总书记在北京市海淀区民族小学主持召开

---

① 中共中央文献编辑委员会．毛泽东选集（第三卷）［M］．北京：人民出版社，1991：817.

② 李红冠，翟尧，孙智宏．高校思想政治教育［M］．石家庄：河北人民出版社，2015：2.

座谈会，强调学校要把德育放在更加重要的位置，全面加强校风、师德建设，坚持教育育人，努力做到每一课堂不仅传播知识，而且传授美德，每一次活动不仅健康身心，而且陶冶性情，让社会主义核心价值观的种子在学生们的心中生根发芽①。

对于高职院校而言，“课程思政”的建设本质就是为了更好地达成育人目标，挖掘专业课中的思政元素，为学生提供正确的价值观引导，这需要以学生的知识建构作为基础，这是不能脱离大学生独立存在的，“课程思政”的改革宗旨就是更好地培养人、塑造人。从马克思主义理论来看，人的存在属于客观现实，这也决定人的关系性和活动性，人是各类人类关系的本质所在②。人类历史的存在正是得益于有生命的个体的存在，人类的系统化观念体系就是人类的价值观，价值观是人们对于客观事物的理解和判断③。“课程思政”要求在能力培养、知识传授的过程中开展价值观引导，让学生接受相应的熏陶与洗礼，从而产生正确的价值观。这种价值观并非外在的力量，而是渗透在学生的生活和生命中，目前，在高职院校“课程思政”的建设上，部分学校对这项工作并不重视，专业课的教学重点依然是传授专业知识，“课程思政”的实施缺乏良好的保障与支持。

（二）部分专业课教师的育人意识淡薄

要将“课程思政”真正落到实处，关键就是要发挥教师尤其是专业教师的引领作用，专业课教师与思政理论课教师、政工人员、班主任、辅导员、研究生秘书有着显著差异。休谟在论仁爱时指出，没有什么品质比慈善和人道、友谊和感激、自然感情和公共精神，或凡发端于对他人的温柔同情和对我们人类种族的慷慨关怀的东西，更有资格获得人类的一般的善意和赞许。这些品质无论出现在哪里都似乎在某种程度上潜移默化于每一个注目者中，并在他们自身唤起它们所施加于周围所有人的同样那些愉悦的和亲切的情感④。在实际的教学环节中，专业课是通过自身的专业教学能力、良好的人格魅力来影响学生，在“课程思政”的实施上具有显著优势，但是在具体的教学实践中，一些专业课教师并没有认识到实施“课程思政”的重要性，育人意识缺乏，具体表现为：

第一，重“知”不重“智”。对于高职院校的大学生而言，他们的学习目标是掌握知识、养成智慧。著名的管理学大师德鲁克认为：“个体都

① 中共中央宣传部．习近平谈治国理政（第一卷）［M］．北京：外文出版社，2018：184.
② 中共中央编译局．马克思恩格斯全集（第二卷）［M］．北京：人民出版社，1957：128.
③ 李建华．社会主义核心价值观构建与践行研究［M］．北京：人民出版社，2017：14.
④ （英）休谟．道德原则研究［M］．曾晓平，译．北京：商务印书馆，2017：30.

不能发挥自身所学的东西，所知道的甚至是所用的好几倍。”在现实生活中，很多人都不知道如何整合知识，难以将其用在实践中，每一个个体都是独立的存在，其知识和智慧是具有差别的，因此，在实践中，个人在知识的理解和应用上是具有鸿沟的，要更好地使用知识，可通过态度、技巧的培育来实现。在传统思维上，人们普遍信奉“知识就是力量”“知识改变命运”的思想，其实，这一思想是存在偏差的，知识固然重要，但是即便是个体掌握了知识，如果不知道如何应用，也就难以发挥出知识的力量。知识是个体拥有的学问，智慧则是个体将所学知识用于现实生活的一项能力，这是具体的行动，因此，智慧是高于知识的，是一种高级智能，要过美好的人生，智慧必不可少，一个成功的人，就是得益于其可以将知识有智慧地的应用到生活中①。对于大学生而言，他们面临的一个问题就是将所学知识转化为实践，知识的本质是对事实的判断，智慧则是价值的判断，如果大学生具备了智慧，也就具备了良好的判断能力和问题解决能力。大学生的知识主要是通过课堂来获取，其中，专业课教师起着重要的引导作用。而“课程思政”就是要求将价值观塑造与知识传授过程相结合，深度挖掘出专业课教育内容中的思政元素，用专业知识中的思政元素来感染学生，帮助学生坚定自己的政治方向，能够在大是大非面前保持清醒的头脑，用正确的价值观来解决问题。

但是，长期以来，受到传统思维的影响，专业课教师还要更加关注对学生的知识教育，没有真正地将知识转化为智慧，教师更多的只是将本专业、本领域的知识抛给学生，让学生在头脑中形成事实判断，而没有提供正确的价值判断和引导。在具体的课堂教学活动中，也鲜有涉及学生关注的社会热点问题与思想问题，教师也不重视对此类内容的解答，这也导致专业课程教学出现了脱节问题。因此，为了更好地实现“课程思政”的建设目标，在专业课教学中，不仅要关注“学什么”的问题，也要引导学生知道“如何做”。

第二，重“教”不重“育”。对于大学生，他们不仅可在课堂上来获取知识和技能，还能够养成价值观、形成人格。在“全员”育人的进程中，专业课教师是其中的主导，比之于其他的教师，专业课教师有着明显的优势，一名优秀的专业课教师，将会对学生产生持久、深远的影响，专

---

① 高海涛. 学会自我管理 梦想、选择和自我实现［M］. 北京：中国青年出版社，2015：68.

业课教师为学生传授的道理，可能在多年以后还会让学生铭记于心①。在教师的各项职责中，“教书”“育人”有着同等重要的地位，但是，如若想要专业课教学真正有温度、有深度，就需要同步推进“教书”与“育人”。就当前的专业课教师来看，教师囿于时间和精力的限制，还是将主要精力放在“教书”方面，忽视了“育人”的重要性，对于“育人”也缺乏前瞻性的设计和思考，“课程思政”的建设还面临着重要任务。要真正做到“立德树人”，专业课教师就需要打开自己的视野，不能一味地埋下头来做学问，要充分认识到“教书”“育人”工作的重要性，发挥出专业课教学优势，关注学生的生活、学习，打破专业课教学中存在的学科壁垒，让思政教育元素能够渗透到教学过程中。比如，他们可以在专业课教学上，为学生弘扬真善美的价值观，讲述正确的道德准则，帮助学生在学习专业知识的同时明确社会主义方向，亲近真善美，远离假丑恶。

第三，重“才”不重“德”。我国古代倡导“崇德修身”，孔子曾经提到“君子喻于义，小人喻于利”，也就是说，君子有着良好的品格修养，小人则过于注重利益，从教育理念层面来看，教师要为学生提供科学的道德教育。杰出的能力、大无畏的勇气、丰硕的成就，这些只能使一位英雄或政治家遭受公众的忌妒和恶意；而这些荣耀一旦加上人道和慈善的因素，当这些事例显示出宽和、温柔或友谊时，忌妒则自行沉默或附和于一般的赞许和欢呼之声②。从上述理论可以看出，有才但是无德，那么这个人就不是完满的，从教育层面来看，让学生具备才能固然重要，但是如果才能丧失了德行的支撑，那么培养出的学生就不是完满的。“课程思政”的核心在于道德建设，要让学生成为优秀的人才，不仅要关注知识，也要引导学生“成德”，高职院校的教育活动要注重培育德才兼备的时代新人。但是，一些专业课教师并没有认识到这一点，而是过于关注知识的传授，忽视了对学生的德行引领，过于关注“才”而忽视了“德”，没有将“德行养成”作为重要的教育目标。教师是学生成长道路中的引路人，如果只是为学生提供授业与解惑而忽视了“传道”，那么专业课教师就不是完全称职的，只是“经师”，而不是“人师”。因此，专业课教师在教学时，不仅要培育学生的专业能力，也要注重培育学生的道德品行，将知识传授、道德培养、能力养成相结合，

① 习近平．把思想政治工作贯穿教育教学全过程　开创我国高等教育事业发展新局面［N］．人民日报，2016-12-9（01）．

② （英）休谟．道德原则研究［M］．曾晓平，译．北京：商务印书馆，2017：28.

从而达成全员育人的目标①。

（三）部分学生对课程思政“不买账”

大学生是接受“课程思政”教育的主要对象，有着较强的可塑性，之所以大学生的可塑性较强，是因为其“三观”是可塑造的，他们的“三观”并非先天形成，也不是一成不变的，是在各类因素的影响下形成与发展。在社会主义现代化建设的进程中，大学生是一个重要主体，这种可塑性又让大学生具备了生成性的特点，考虑到他们的价值观会受到各类因素的影响而不断发生变化，因此，专业课教师在开展“课程思政”时，需要与时代的诉求结合起来，用发展的眼光来对待学生，找到适合的教育时机，激发学生的潜能。

“课程思政”能否取得理想的成效，关键也是由学生来决定，在“课程思政’的实施过程中，专业课教师、学校环境都有着重要影响，通过合理的教育和引导，能够让学生具备正确的价值观。当前，各个高职院校均在推进“课程思政”的改革，在课堂教学活动、课外实践等方面，都进行了积极尝试，也取得了初步的成果，但是，要让“课程思政”取得良好成果，还是由大学生自身来决定。大学生有着主体性的特征，但是，学生的主体性与教师的主体性不同，学生的主体性更多的是“自觉能动性”。也就是说，大学生在接受“课程思政”教育的过程中，并不是被动的客体，他们是有思想、有情感的学习主体，要让他们具备良好的价值观，就要求学生具备主动学习的动力，愿意成为中华民族伟大复兴的时代新人，主动为中国梦的顺利实现贡献自我。

多数的大学生已经成年，他们有了思维能力，对于内部自我、外部世界有了深刻的认知，可以明确自己的价值判断，也可针对自身的情况来理清自身与社会需求的差距。就高职院校“课程思政”的实施情况来看，多数大学生对专业课知识中的思政元素并不感兴趣，也不买账，他们认为专业课中的思政元素与自己在思政课堂中所学的内容并无差异，这种内容是乏味、枯燥的，专业课、思政课之间有明显的界线，在专业课中开展思政教育，就会让专业课变得不伦不类。另外，对于高职院校组织的各类思政实践活动，大学生的参与积极性也不高，严重缺乏动力，加之各类外部因素的影响，导致大学生普遍缺乏奋斗精神，对待学习也缺乏紧迫感，还有部分学生长期沉迷于网络游戏、刷剧，作息不规律，养成了喝酒、抽烟的坏习惯。还有少数学生缺乏爱国情怀，在网上肆意发表侮辱国家的言论，

① 翁铁慧．大中小学课程思政一体化建设的整体构架与实践路径研究［M］．北京：人民出版社，2020：17.

如留美留学生许可馨等①。有的学生理想与信念不够坚定，缺乏担当意识和责任意识，推崇精致的利己主义，擅长表演，这种认识十分危险。挖掘专业课程中的思政元素，就是为了更好地为学生提供价值观教育，让学生成为全面发展的“人”，受到各类因素的制约，大多数的学生并未认识到参与“课程思政”对自身发展的重要性，认为“课程思政”只是学校的任务，与自己的关系不大，因此，对“课程思政”也是敬而远之。新时期的大学生以“零零后”为主，他们是在网络社会中成长起来的，更具创新意识，也更加独立，他们敢于挑战权威，于是同时，他们也多不认同主流思想。因此，为了让“课程思政”更好地落实到实践中，对于专业课教师，需要发挥出主导作用，不能将大学生看作被动接受知识的客体和灌输对象，要真正地尊重学生的主体地位，认识到他们内心深处的情感需求与精神诉求，让学生能够朝着积极的方向发展，用积极的心态来参与“课程思政”建设，在师生之间的良性互动中塑造良好的价值观。

二、高职课程思政建设问题的原因

进入新的历史时期后，高职院校的思政教育布局已经发生了明显变化，从传统的思政理论课程发展到当前的“大思政格局”②。在“课程思政”中，是由多个组成要素构成，涵盖高职院校、思政课教师、专业课教师、大学生、辅导员、班主任，要回归课程的价值诉求，那么专业课教师需通过科学的方式来挖掘思政教育资源内容。但是，对于多数高职院校而言，其管理制度存在一定的缺陷，全校上下对“课程思政”不够重视，特别是专业课教师，他们肩负着“立德树人”的主要任务，由于部分专业课教师缺乏育人能力、观念存在错位，没有把握好育人的关键点，导致“课程思政”的落实过程中出现了一系列的问题，如“重才不重德”“重知不重智”等。大学生是评估“课程思政”建设成果的试金石，但是，很多学生对“课程思政”的建设认识模糊，参与的积极性也不高。

（一）部分院校“课程思政”的管理制度不健全

高职院校的育人活动是非常复杂的，育人质量也会受到较多因素的影响，不是孤立存在的，需要发挥出各个组织机构和人员的作用，从事高职育人的工作人员，都有其独立的分工，也会对学生造成特定的影响，在各类人员的组合下，就形成了高职院校的育人全过程。因此，要让教育活动

---

① 陈磊，沈扬，黄波．课程思政建设的价值方向、现实困境及其实践超越［J］．学校党建与思想教育，2020（7）：51–53.

② 高德胜，张耀灿．整体性视角下思想政治教育构成要件研究［J］．马克思主义与现实，2020（2）：181–186.

形成合力，需集合各方面的教育力量，将各类教育元素组合起来，为了达成这一目标，就需要根据要求来制定相应的管理制度。

目前，部分高职院校的“课程思政”建设未取得应有成果，一个重要因素就是缺乏科学的管理制度，在“课程思政”建设的进程中，制度安排是其核心力量，也是落实“立德树人”的顶层设计，在实践进程中，高职院校必须明确具体的领导方式。目前，大多数高职院校还是将“课程思政”作为一项次要内容，由各个二级学院负责，没有在意识形态上进行统筹规划设计，没有明确具体的引导方式。“课程思政”本身具有鲜明的政治性和价值性，应当由高职院校的党委负责领导，这也属于高职院校管理体系的核心内容。虽然高职院校的其他行政部门也具有主体资格，但是只能承担起“课程思政”建设的次要责任。因此，高职院校必须明确“课程思政”的实施要求，将其放在国家前途命运的高度，建立合适的管理制度①。

（二）部分院校专业课教师的育人理论水平不足

“课程思政”是高职院校思政教育改革的新尝试、新举措，目前，“课程思政”已经在全国各个高职院校中得到了广泛推行，在这一方面，《高等学校课程思政建设指导纲要》中也做出了明确的规定，要让“课程思政”能够落地，教师是其中的关键，因此，要提升教师的育人意识，寻找到合适的切入方法和育人角度，提高教师的教育能力，让“课程思政”的建设能够真正卓有成效。在“课程思政”的实践中，部分专业课教师的育人能力缺失，在教学中找不到合适的侧重点，严重影响“课程思政”的建设实效。要解决现行的教育问题，教师需要转变自己的思想观念，找到合适的育人角度。

第一，育人观念的错位问题。在高职院校的育人活动中，思政理论课程还是一条主要的教学途径，但并不是唯一的，其他各门课程在育人活动中，也有着不可替代的重要性；尽管各个高职院校都在积极推行“课程思政”的改革活动，但这是一种全新的教育理念，“课程思政”教育尚未成为共识，也并不是所有的专业课教师都认识到了“课程思政”的重要作用，因而没有按照要求来挖掘专业课内容中的思政元素，而是用固有的教育理念来对待学生，没有发挥出自身的育人智慧。还有的专业课教师没有认识到为大学生提供价值观教育的迫切性，也没有主动地肩负起“立德树

① 娄淑华，马超．新时代课程思政建设的焦点目标、难点问题与着力方向［J］．新疆师范大学学报（哲学社会科学版），2021（5）：96-104.

人”的任务，在宏观上对“课程思政”的把控不当。因此，作为专业课教师，必须用主动、积极的姿态来对待这项工作，深刻挖掘专业课程中的思政资源。部分专业课教师尽管有扎实的专业基础，但由于未接触过系统的思政教育，对思政内容的把握不当，对育人工作的理解也不够全面，自身的育人观念也存在不足，还是将专业课教学作为主业，认为只要让专业课教学取得实效就够了，育人活动是辅导员、思政课教师的任务，并非自身的职责。更有甚者，少数专业课教师受到了不良社会思潮的影响，政治立场出现了动摇、理想信念不坚定，在教学过程中，将这种负面思想渗透给了大学生，导致学生的政治立场和信仰出现了动摇，严重影响育人活动的实效性。这类问题在理工科的高职院校中更加常见，此类学校历来缺乏思政教育氛围。比之于思政课教师，理工科高职院校的专业课教师更加青睐于精准的操作技能和实验数据，对自身学科中的思政教育资源认识不够，也没有意识到“课程思政”实施的迫切性。总之，在各类主观因素和客观因素的影响下，“课程思政”理念并没有深入每位专业课教师的头脑中，其思想理念还需要持续转化。

第二，育人能力缺乏。从新中国成立开始，无论处在哪个阶段，不管国内外的形势如何，党和国家对于育人工作一直都持高度重视的态度，关心学生、热爱学生，并且将学生的思政教育工作放置在一个重要的位置。在高职院校的育人工作中，党和国家致力于发挥出各学科专业课教师的育人作用，为专业课教师赋予了“教书”“育人”的双重使命。长期以来，在专业课教师中，其重点任务还是放在“教书”方面，没有将“育人”工作落到实处，“课程思政”的实施有效弥补了这个不足。在建设“课程思政”的实践中，还是有不少专业课教师只关注“教”，不关注“育”，之所以出现这一问题，与专业课教师育人能力的缺乏有密切的关系。所谓育人能力，就是要求专业课教师根据一定社会与阶级的道德行为规范、思想观念，遵循学生的身心发展规律，通过特定方式来启迪学生，让学生能够感悟、领会，从而成为个性优良、行为自律的公民，实现道德的内化。“课程思政”理念能不能在高职院校中得到推广，关键就在于专业课教师的育人能力，如果专业课教师有较强的育人能力，那么“课程思政”必然能够顺利进行。在具体教学中，教师的这一能力还有待提升，由于专业课教师长期深耕于专业教学，他们了解与专业知识相关的技能和方法，在课堂中，能够灵活地为学生传授专业知识。虽然高职院校对各个二级学院的育人要求提出了具体的规定，专业课教师也认识到这项工作的紧迫性，愿意挖掘课程中的思政元素，但是由于缺乏育人能力，在实践中出现了“心有余而力不足”的问题。

之所以专业课教师缺乏育人能力，主要是受到了几个因素的影响：首先，教学技能有待提升。“课程思政”的落实中，专业课教师处于其中的核心思维，也是“课程思政”的建设基础。有的专业课教师教学能力较弱，他们将大量精力放在了其他方面，没有真正投入课堂中，这就导致自身的育人能力无法达到既定要求。其次，高职院校“课程思政”的培训力度较弱，“课程思政”的建设需要发挥出专业课教师的主导作用，这是毋庸置疑的，因此，专业课教师必须改变自己原有的育人观、教学观和教育观，主动在专业课教学中增加价值维度内容，将知识维度放置在与价值维度同等重要的位置，提高自身的价值观引导能力。也就是说，专业课教师不仅要提高自己的专业教学能力，还要主动参与“课程思政”学习。然而，目前高职院校关于“课程思政”的培训内容较少，培训力度不够，对于教师的岗前培训、在岗培训，也是以专业课培训为主，忽视了师德师风方面的教育，导致专业课教师对“课程思政”原理、方法的掌握不够，整体的育人能力较弱。再次，专业课教师对学生学习、生活的关注度不够，在“课程思政”的改革上，不仅要从课内着手，还要高度关注课外，让课内、课外之间可以实现联动，这样的“课程思政”改革才是真正有效的。大学生在课堂中的表现只是其日常表现的一部分，他们的行为习惯、生活习惯、学习习惯、思维方式等，单一通过课堂的观察，很难了解清楚，因此，专业课教师要关注学生的思想动态，加强与他们的交流和沟通，了解学生的所思和所想，切实关心学生的日常生活，增加沟通频率。一些专业课教师对育人能力的关注不够，不认真与学生沟通，这也是影响“课程思政”建设的主要制约因素。

第三，对育人侧重点把握不准。专业教育与价值教育有着密切的关联，在两者的共同作用下，共同对大学生产生影响，专业课能够为价值教育提供载体，价值教育则可以引领专业课教学的改革。在“课程思政”的实践进程中，专业课教师要明确育人重点，将人才培育、专业课建设充分结合，让“德”“才”之间能够同步，提高专业课程的政治站位，为专业课教学赋予更多的人文元素。为了促进“课程思政”改革的持续推进，专业课教师必须主动挖掘内容背后的价值理念，找到价值教育与专业教育之间的结合点，将教育目标定位于培育优质的社会主义事业建设者和接班人，避免出现思政教育、专业教育的“两张皮”问题。在具体的教学实践中，部分专业课教师对育人侧重点的把握不够准确，过于重视“才”而忽视了“德”。这表现在两个层面：一方面，专业课教师固守专业育人本位，没有改变传统的教育思维，只是坚守传统的教育理念，没有从思政教育的观点上为学生提供正确引导，对学生成长、成才所需的道德素养不够关心；另一方面，没有按照要求将专业课教学融入社会主义核心价值观的建设过程中，影响了学生的接受能力。《高等学校课程思政建设指导纲要》明确了让学生践行社会主义核心价值观的重要意义，在教学时，要引导学生将国家价值、社会价值与自身的价值融合起来，提高学生的综合修养，能够主动将“小我”融入“大我”中，让社会主义核心价值观成为自身的精神追求，并自觉将其转化为自己的实践行动。社会主义核心价值观有着极为丰富的内容，不仅有中华民族优秀的传统文化精髓，还有个体成长所需的优秀道德品质。由于专业课教师未找到课程教学与社会主义核心价值观之间的契合点，因而教学实践出现了“断层”的问题，要解决这个问题，关键还是在于专业课教师。

（三）部分大学生对知识传授与价值引领的认识模糊

对于高职院校而言，其关注的一个重点问题就是“培育什么样的人”，知识层面有着特定的价值，高职院校的课程知识既有着一般知识的特点，也有一些特殊之处①。每一门课程，都有独立的知识体系，学科背景也不同，对应的教学目标和内容也有着明显的差异，但是，不管怎么样，都不会对学科的育人作用产生影响，除了思政理论课程教学之外，对于其他的专业课程，都要促进价值性、知识性的结合。纵观日常的教学现状，却存在一个突出问题，即不少专业课教师尽管在价值观培育上做出积极的尝试，但是受到各类因素的影响，价值观教育并没有真正达成“入脑”“入心”的效果，出现这个问题，就是由于教师对知识、价值的关系不够理解。从种种实践来看，对于知识的传授，都必须以价值的引领作为基础，要让知识的传授取得明显效果，需要根据传授的要求来设置前提，发挥出价值引领的作用。如果知识传授与价值引领之间发生脱节，那么知识传授就丧失了应有的意义。爱因斯坦曾经说过，如果仅靠知识和技巧，人类是不能获得幸福和有尊严的生活的。人类完全有理由把高尚的道德标准和价值观的宣道士置于客观真理的发现者之上②。实践显示，知识传授的力量是不可撼动的，这就是知识传授最为明显的作用，如果在知识传授的背后有了道德标准内容，就可以挖掘出知识传授的隐性价值，与显性力量结合

---

① 张铭凯．论课程知识的价值维度及其道德价值逻辑［J］．西北师大学报（社会科学版），2018（3）：106-112.

② ［美］海伦·杜卡斯，巴纳希·霍夫曼．爱因斯坦谈人生［M］．高志凯，译．北京：世界知识出版社，1984：61.

起来，共同对学生施加影响。这主要表现为：首先，通过价值引领，知识传授可以更好地发挥出教育作用。大学生在课堂中学习了知识，但是，关键的是，在学习了知识之后，应该怎么应用，又应该应用到什么地方呢，这就需要通过价值进行引领。借助价值引领，解决了知识传授的关键问题，这就是知识的导向。要让大学生成为优秀的人才，具备良好的知识含量，需要发挥出价值观的作用，学生所学的知识是有温度的，如果一直单一追求教材专业知识的学习，忽视了背后的价值观和人文内容，那么，学生所学的知识就是没有价值的，他们只会沦为知识的工具，而不是一个德智体美劳全面发展的人。要成为优秀的人才，良好的价值观是必不可少的，学生还要让这种价值观成为自己的品质，这能够进一步反哺知识的学习。其次，在价值的引领下，知识传授可以得到进一步的发展。在如今的"互联网+"时代下，各类知识日益丰富，学生获取知识的渠道也更加丰富、多元，知识更新速度越来越快，通过互联网，学生的生活、学习有了更多的便利，但是，在线上学习中，学生也面临着一系列的问题，比如，学生滥用知识、误用知识，这不仅影响学生自己的发展和成才，也不利于国家的稳定发展。要解决这类似的问题，这就要求大学生明确知识价值，深刻地认识到，学习知识不仅对自己的个人发展有益，还要致力于为人类谋幸福、为社会谋进步，也只有产生这样的价值观念，学生对知识的学习才会不断地发展。因此，在开展专业课教学时，教师要通过多种渠道挖掘背后的思政内容，对学生提供正确的价值观引导，这样，能够让专业知识的学习变得有深度、有温度，在学习的过程中，也会慢慢提升学生的境界。也只有让学生认识到价值引领对知识传授的影响，才能帮助自己更好地应用知识、解决问题，让知识能够朝着更加深层的角度来发展。

另外，知识的传授为价值引领提供了坚实的支撑。毋庸置疑的是，价值引领有着极为重要的作用，但是，如果价值引领与知识传授之间相脱离，那么价值引领就必然无法取得理想的作用，也会沦为单一的说教，很难激发学生的学习主动性。基于这一原则，在建设"课程思政"的进程中，教师需要立足于专业知识，为学生提供科学的价值观引领，让知识的真理性能够与价值性之间得到密切关联、相辅相成，让抽象的价值观成为具体的形式，这样才能让更多的大学生所接受。在具体的教学中，专业课教师要积极落实这一理念，帮助大学生扭转错误的认知。目前，不少学生还是将专业课与思政内容割裂开来，对专业课教育中的价值观引导并不认同，其原因就是他们对知识传授、价值引领的关系不理解。

因此，在这一方面，必须关注几个问题：首先，发挥出知识传授在价值引领上的基础作用。知识的传授是学生获取知识、接受价值观教育的一种主要形式，不管是要获取专业知识，还是要接受价值观教育，都是个体对这个世界的认知，只是专业知识与价值观教育的表现形式具有差异。学生只有学会足够多的专业知识，才能用自身的能力来理性地看待这个世界，具备独立分析和解决问题的能力，如果忽视了专业知识的学习，那么就很难发挥出价值引领的作用。其次，价值引领能够借助知识来升华学生的思想。学生价值观的形成，需要建立在自身认知能力的基础上，学生认知水平的提高会随着所学知识的增加、阅历的增加而慢慢提升，在这一过程中，学生的价值观得到了持续的升华。从本质来看，知识传授、价值引领，都是为了让学生在后续能够更好地投入实践过程中，学生学习了大量的专业知识之后，可以开阔他们的眼界，潜移默化地进行价值引领，通过价值引领为学生的具体行动提供指导。大学生需要充分认识到这一问题的严峻性，也只要具备明确的价值观念，知识的学习才会更具说服力，从而自觉深化自己的思想。

第三节 高职课程思政建设的政策分析

党的十八大以来，习近平总书记对高校思想政治教育作出一系列重要指示，为高校推进课程思政建设指明了前进方向、提供了根本遵循。近期，教育部等部门印发了《关于加快构建高校思想政治工作体系的意见》《高等学校课程思政建设指导纲要》等文件，并组织开展课程思政示范活动，这是在当前形势下深入贯彻落实习近平总书记关于教育重要论述的关键举措，为高校进一步深化教育教学改革、发挥好每门课程的育人作用提供了重要指导。

一、《关于加快构建高校思想政治工作体系的意见》解析

为加快构建高校思想政治工作体系，努力培养担当民族复兴大任的时代新人，培养德智体美劳全面发展的社会主义建设者和接班人，教育部、中央组织部、中央宣传部、中央政法委、中央网信办、财政部、人力资源社会保障部、共青团中央等联合印发了《教育部等八部门关于加快构建高校思想政治工作体系的意见》（以下简称《意见》）。

（一）《意见》出台的背景

为了深刻落实“立德树人”的任务，将思政教育贯穿在专业课的教学中，国家对此予以了高度关注，《意见》的出台，瞄准于两个层面的背景：

首先，是提高新时期高校思政教育工作的客观要求。十八大以后，党中央对于高校的思政教育工作予以了高度重视，习近平总书记在全国高校思想政治工作会议、全国教育大会、学校思想政治理论课教师座谈会上发表了一系列重要讲话，作出了一系列重要指示批示，强调人才培养体系涉及学科体系、教学体系、教材体系、管理体系等，而贯通其中的是思想政治工作体系，明确要求要加快构建高校思想政治工作体系。其次，能够创新高校思政教育工作体系。在教育体系的发展下，高职院校的思政教育工作改革工作取得了丰硕成果，在“三全育人”工作的持续推进下，各个高职院校也积极投入了实践过程中，让思政教育工作表现出了向好、向上的特征。在下一阶段下，需要继续将工作做细、做实，构建科学的高校思政教育体系，发挥出思政教育的牵引作用，将各项教育工作与思政教育内容深入结合，贯彻落实到学生成长的各个阶段，提高育人的综合质量。

（二）《意见》的指导思想和目标任务

要构建新时期高职院校的全新思政教育体系，需要坚持以习近平新时代中国特色社会主义思想作为指导，将党的教育方针真正地落到实处，发挥出党的领导作用，坚持正确的办学方向，做到“立德树人”，并将“立德树人”作为高职院校办学之根本，加强理想信念教育，让学生能够主动成为社会主义核心价值观的践行人，为学生提供全员、全程、全方位育人指导，不断提升高职院校思政教育工作的开展效果。针对具体的目标任务，《意见》也做出了具体的规定，要求进一步健全“立德树人”的育人机制，让“立德树人”能够进入高职院校教学、管理、实践的各个环节，让教材、教学、学科、管理等能够相得益彰，共同为学生的发展提供助益，从而在高职院校内部建立起成效理想、内容完善、目标明确的思政教育体系。

（三）《意见》的重点安排

《意见》的提出对于高职院校思政教育工作的开展起到了重要的指导作用，在具体的规划中，划分出了几个不同的子体系，具体包括“理论武装”“学科教育”“日常教育”“安全稳定”“管理服务”“评估督导”“队伍建设”几个方面。在“理论武装”方面，要发挥出高职院校在政治引领方面的作用，让爱国主义元素进入学生的心中，发挥出高职院校在价值引领方面的作用；在“学科教育”方面，高职院校要在思政理论课程教学上下功夫，发挥出教学内容在科学育人方面的作用，助推课程思政的顺利建设，凸显出高职院校在科研育人方面的作用；在“日常教育”方面，要提高高职院校的服务、管理、教学水平，做好群团组织的建设工作，为学生提供一站式的社区服务，将资助育人工作精准地落实到实践中；在“安全稳定”方面，要进一步强化高职院校的政治安全工作，为学生提供科学的安全教育，在高职院校内部打造出安全的防线，提升安全教育工作的质量；在“队伍建设”上，在高职院校内部，要打造一支优质的高水平教师队伍，尤其是要加强对思政教师、党务工作者的培训，为学生提供高水平的马克思主义学者。在学校内部，还要建立科学的测评体系，让《意见》能够顺利地在高职院校中得到实施，针对教师，也要建立完善的督导问责机制。

另外，《意见》也针对各个子体系之间的关系做出了明确说明，要求发挥出各个子体系的协同性，使之连接为一个有机整体，从而打造出一体化的高校思政教育工作体系。

（四）《意见》的主要亮点

关于《意见》中的亮点问题，主要表现为“三个一”，以下针对“三个一”的具体内容做出介绍：

一是提出了具体的支持政策。例如，为了让辅导员更好地实现专业化发展，《意见》提出要为高职院校辅导员构建适合的职业发展体系，包括完善职称体系，为辅导员提供“双线”的晋升方式。各个高职院校要根据学校的情况为辅导员提供相关的技术岗位，发挥出辅导员人事管理政策的作用。《意见》也明确规定了辅导员的聘用方式，要求各个高职院校避免用人事代理、劳务派遣的方式来聘用人才。为了激发出辅导员、思政课教师的工作积极性，《意见》也提出要为辅导员、思政课教师提供相对应的岗位津贴，并将津贴纳入绩效工资管理体系中，发挥出激励作用。

二是提供专项经费支持。《意见》针对各个学校在校大学生的情况，要求学校按照要求来设置网络思政工作专项经费，每年每名学生的标准不得低于30元；同时，还要设置党务工作队伍、思政工作专项经费，每年每名学生的标准不得低于20元。

三是纳入对应的评价指标。《意见》明确提出，要将党建、思政教育工作作为人才项目评审、学业质量评价、教学科研成果评价的重要指标；同时，也将其纳入学校的干部述职评议与领导班子的考核工作中，要求发挥出学校上上下下各方面的力量，将其与党纪监督检查工作相互结合。

（五）《意见》在组织领导和实施保障方面的要求

《意见》提出了三项具体要求。

首先，要发挥出党的领导作用。在高职院校具体工作的落实中，要求高职院校从队伍的建设、条件的保障、体制机制的建设等方面着手，明确高职院校在思政教育工作领域中的问题，让各项重点任务能够得到顺利的落实；同时，明确党委书记在这一方面的责任，从而做到“党政同责，一岗双责”。

其次，做好基层党建工作。《意见》提出，各个高职院校要发挥出党组织的政治功能，在这一过程中，要发挥党支部的作用，完善组织生活制度的建设，让党建带团建制度能够得到顺利执行。

再次，发挥出工作协同保证作用。《意见》要求，要进行合作育人、协同育人，将学校、家庭、社会组成一个教育体系，构建思政工作委员会，做好思政教育平台的建设，为这项工作提供专项的资金支持。高职院校要增加投入，发挥出经费的作用。

二、《高等学校课程思政建设指导纲要》解析

全面推进高校课程思政建设是深入贯彻落实习近平总书记关于教育的重要论述和全国教育大会精神的重要举措。教育部认真贯彻党中央、国务院的部署，对高校课程思政建设作出一系列工作安排，在学科专业、一流本科、教师培训、教学评估等工作中进行重点部署，出台《高等学校课程思政建设指导纲要》（以下简称《纲要》）。

（一）《纲要》的背景和意义

印发实施《纲要》，全面推进高校课程思政建设是落实立德树人根本任务的战略举措。在高校价值塑造、知识传授、能力培养“三位一体”的人才培养目标中，价值塑造是第一要务。全面推进课程思政建设，就是要寓价值观引导于知识传授和能力培养之中，帮助学生塑造正确的世界观、人生观、价值观，这一举措影响甚至决定着接班人培养问题，影响甚至决定着国家的长治久安，影响甚至决定着民族复兴和国家崛起。

印发实施《纲要》，全面推进高校课程思政建设是提升人才培养质量的关键一招。高校人才培养是育人和育才相统一的过程。当前，高校中还不同程度存在专业教育与思想政治教育“两张皮”现象，未能很好形成育人合力、发挥出课程育人的功能。全面推进课程思政建设就是要解决这一问题，把教育教学作为最基础最根本的工作，构建更高水平的人才培养体系，促进学生的全面发展。

（二）《纲要》的工作目标

课程思政建设总的目标是立足于解决培养什么人、怎样培养人、为谁培养人这一根本问题，围绕全面提高人才培养能力这个核心点，在全国所有高校、所有学科专业全面推进，让课程思政的理念在各地各高校形成广泛共识，全面提升广大教师开展课程思政建设的意识和能力，建立健全协同推进课程思政建设的体制机制，构建全员全程全方位育人的大格局，努力培养担当民族复兴大任的时代新人，培养德智体美劳全面发展的社会主义建设者和接班人。

（三）《纲要》的工作思路

教育部坚持“四个相统一”全面推进课程思政建设工作。

第一，坚持知识传授和价值引领相统一。育人为本，德育为先，课程思政建设就是要实现价值塑造与知识传授、能力培养一体化推进，把专业教育与思想政治教育紧密融合，形成协同效应。

第二，坚持显性教育和隐性教育相统一。在充分发挥思政理论课重要作用的同时，用好隐性教育渠道，挖掘各类课程中蕴含的思政教育元素，既形成“惊涛拍岸”的声势，也产生“润物无声”的效果。

第三，坚持统筹协调和分类指导相统一。既加强顶层设计协调推进，建立包括内容体系、教学体系和工作体系在内的一整套课程思政建设育人体系，也要针对不同专业、不同课程的特点强化分类指导，不断提高课程思政建设的水平。

第四，坚持总结传承和创新探索相统一。一方面及时总结各地各高校的典型经验，形成可复制推广的经验做法；另一方面通过选树典型，以“点”带“面”，鼓励高校积极探索，形成课程思政建设全面推进的良好局面。

（四）《纲要》的内容体系

《纲要》提出，要围绕坚定学生理想信念，以爱党、爱国、爱社会主义、爱人民、爱集体为主线，围绕政治认同、家国情怀、文化修养、宪法法治意识、道德修养等重点内容优化课程思政内容供给，明确了课程思政五个方面的主要内容。

一是推进习近平新时代中国特色社会主义思想“三进”，不断加强马克思主义理论教育，着力推动党的创新理论教育，增强学生对党的创新理论的政治认同、思想认同、情感认同，坚定“四个自信”。

二是培育和践行社会主义核心价值观，教育学生深刻理解社会主义核心价值观的丰富内涵，准确把握其精神实质，引导学生把事业理想和道德追求融入国家建设，将社会主义核心价值观内化为精神追求，外化为自觉行动。

三是加强中华优秀传统文化教育，大力弘扬以爱国主义为核心的民族精神，教育引导学生深刻理解中华优秀传统文化的思想精华和时代价值，完善大学生的道德品质，培育理想人格，展现中华文化的无穷魅力和时代风采。

四是深入开展宪法法治教育，教育学生牢固树立法治观念，坚定走中国特色社会主义法治道路的理想和信念，深化对法治理念、法治原则、重要法律概念的认知，提高运用法治思维和法治方式维护自身权利、参与社会公共事务、化解矛盾纠纷的意识和能力。

五是深化职业理想和职业道德教育，帮助学生了解相关专业和行业领域的发展态势，了解国家发展战略和行业需求，增强职业责任感，教育引导学生准确理解并自觉践行各行业的职业精神和职业规范。

（五）《纲要》的教学举措

《纲要》提出，课程思政建设要在课堂教学中真正落地落实，要把课程思政融入课堂教学建设的全过程。

首先，要抓好课堂教学管理，进一步指导高校修订课堂教学管理规定，在课堂教学管理规定中全面融入课程思政建设要求。高校要在课程目标设计、教学大纲修订、教材编审选用、教案课件编写等各方面下功夫落实到位。

其次，要综合运用第一课堂和第二课堂，特别是深入挖掘第二课堂的思政教育元素，将“读万卷书”与“行万里路”相结合，深入开展多种形式的社会实践、志愿服务、实习实训活动，拓展课程思政建设方法和途径。

再次，要在教育教学方法上不断改革创新，以学生的学习成效为目标，深入开展以学生为中心的教学方式和学业评价方式改革，激发学生的学习兴趣，引导学生深入思考，实现思想启迪和价值引领。当代大学生是在互联网环境下成长起来的一代，课程思政教学要积极适应学生学习方式的转变，积极推进现代信息技术在课堂中的应用，创新课堂教学模式。

（六）《纲要》的队伍建设

《纲要》明确了五方面的要求。

一是要“广共享”，建立健全优质资源共享机制，分区域、分学科专业领域开展经常性的典型经验交流、现场教学观摩、教师教学培训等活动。

二是要“强培训”，将课程思政建设要求和内容纳入教师岗前培训、在岗培训和师德师风、教学能力专题培训等。

三是要“重合作”，充分发挥教研室、教学团队、课程组等基层教学组织作用，建立课程思政集体教研制度。

四是要“树表率”，鼓励支持院士、“长江学者”“杰青”、国家级教学名师等带头开展课程思政建设，充分发挥示范带动作用。

五是要“深研究”，加强课程思政建设重点、难点、前瞻性问题的研究，在教育部哲学社会科学研究项目中积极支持课程思政类研究选题。

（七）《纲要》的工作落实

课程思政建设是一项长期性、系统性的工程，建立完善的课程思政的工作机制是确保课程思政建设取得成效的根本保障。

一是要“上下”同步齐动。“上”到战略精心谋划，教育部将成立课程思政建设工作协调小组，统筹研究重大政策，指导各地各高校开展工作。成立高校课程思政建设专家咨询委员会，提供专家咨询意见。“下”到一线落地生根，各地教育部门和高校要切实加强对课程思政建设的领导，形成党委统一领导、党政齐抓共管、教务部门牵头抓总、相关部门协同联动、院系落实推进的工作格局，同时要明确经费支持，加强课程思政经费保障。

二是用好评价这根“指挥棒”，建立健全多维度的课程思政建设质量评价体系和激励机制，把课程思政建设成效作为“双一流”建设监测与成效评价、学科评估、本科教学评估、一流专业和一流课程建设、专业认证、“双高计划”评价、高校或院系教学绩效考核等的重要内容。

三是抓好课程思政示范典型，持续深入抓典型、树标杆、推经验，建设国家、省级、高校多层次示范体系，选树一批课程思政建设先行高校，选树一批课程思政示范课程，选树一批教学团队和教学名师，建设一批课程思政教学示范中心，设立一批课程思政建设研究项目，在全国树立课程思政教学标杆。

第四节　高职课程思政建设的发展趋势

要让“课程思政”建设取得理想的实效，那么，专业课教师必须加强学习，主动挖掘各类思政教育元素，让专业教学、价值观引导、能力培养各个环节融合起来，使学生在学习专业知识的过程中，能够接受教师的价值观培养。实施“课程思政”，有助于构建“大思政”格局，高职院校对于这项工作必须予以高度重视，积极贯彻落实。

一、实现“课程育人”向“全课程育人”的转化

在新的历史时期，高职院校肩负着重要的育人任务，需要为社会培育复合型技术人才，其根本任务应当是将“立德树人”落实到实践工作中。

因此，对于广大的高职院校而言，育人工作是需要放置在首位的一项核心工作，在高职院校的育人活动中，课堂是主要渠道。长久以来，思政理论课教师一直承担着重要的育人重任，但是，单一依靠思政课教师，还无法达成“立德树人”的目标。在新的历史时期下，“课程思政”的内涵更加丰富，要求专业课教师一起参与，丰富思政教育内容，提高专业课内容教学的广度和深度，基于学生的诉求来创新教学方法，营造出有温度的氛围，让思政教育更具温度、更有力度，从而让“课程育人”转化为“全课程育人”。

（一）丰富教学内容，提升课程内容深度

在高职院校“课程思政”的实践活动中，专业课程发挥着不可或缺的重要作用，挖掘专业课程中蕴含的思政元素，能够让专业课教学活动更有深度，从而瞄准“立德树人”目标，让教育活动真正地立足于“育人”工作。在高职院校的人才培育中，课堂是一个重要的教育渠道，从高职院校的教师占比来看，有超过80%以上的属于专业课教师，有80%的课程为专业课程；对于学生而言，其超过80%以上的时间也是投入在专业课的学习中。对于专业课教师，需要将专业课教学与“课程思政”理念融合，让育人目标能够渗透至专业课教学的各个环节，将思政教育、专业课教育深度结合起来，这可以丰富专业课教学内容，提高学科内容的深入，让高职院校的专业课程可以回归“育人”的目的。

教育从来都不是孤立存在的，属于社会子系统的一个组成部分，在知识社会学领域中，是没有纯粹知识的存在的①，因此，在专业课课程中，除了知识、技术内容之外，还有关于价值导向方面的内容。因此，在专业课教学中，不仅要为学生传授知识，培育学生的能力，还要在专业课内容中渗透价值观，让专业课教育具备思政教育的味道，让专业课的教学活动更有广度和深度。从本质上来看，“课程思政”理念的实施促使专业课教师挖掘思政元素，在高职院校的专业课程中，有大量的学科门类，不同专业内容的思政教育资源是不同的，有的资源容易开发，有的资源开发难度较高。容易开发的资源主要是教材中的内容，在编制教材时，编制者会主动在其中融入价值观内容，这类内容的挖掘也相对容易。较难开发的内容往往是隐藏式的内容，这需要专业课教师在备课、教学中下大功夫来主动挖掘，专业教师需要具备主观能动性，深入挖掘教材内容，寻找其中的思

① 刘猛．意识形态与中国教育学：走向一种教育学的社会学研究［M］．南京：南京师范大学出版社，2008：41.

政内容，让专业课内容更具思维色彩，从而让“课程思政”的实施看得见、摸得着。总之，在“课程思政”理念的知识中，专业课教师需要改变自身的理念与方法，不仅要用专业能力来培养人、孕育人，还要主动挖掘专业知识的思政元素，让价值导向能够与知识传授深入结合，从而为社会培育大量的优秀人才。

（二）创新教学方法，提升课堂的温度

在高职院校“课程思政”的建设进程中，专业课程的作用是不言而喻的，具有重要的育人功能，挖掘思政元素，能够创新专业课程的教学方法，让专业教学课堂能够具备温度。在高职院校传统的专业知识教学中，方法比较单一，内容也更加侧重于专业知识，忽视了课程的育人价值。在“课程思政”的实施背景下，要求专业课知识丰富知识储备，主动挖掘专业课内容中的思政元素，将育人活动落到实处。在具体的实践中，专业课教师要讲求方法，利用科学的方法应用来联系价值观内容和专业知识教学，在教学过程中，要主动关注学生的情感体验，专业课教师要用自身渊博的知识、良好的人格魅力来影响学生，让学生能够产生共鸣，在有温度的课堂中接受教育。

在教学方法的选择上，也十分重要，教学方法是为了完成既定任务，达成教学目标采用的教学方法，“课程思政”是高职院校改革进程中的全新探索，将各类思政理论贯穿到了专业课的教学过程中，为专业课教学活动输入了源源不断的新鲜血液①。专业课教师要充分地认识到，挖掘出专业课内容中的思政元素，是实施“课程思政”的基础所在，而要达成理想的目标，需选择科学的教学方法，让思政内容能够通过合适的方法来根植到大学生的内心之中，让“课程思政”能够顺利地完成。不同于思政理论课程，专业课程的育人价值一般是隐性发挥的，不是能够直接预见的，因此，专业课教师需要在方法的创新上着手，让专业课程更具育人价值。总之，专业课教师不能再固守以往的教育方案，而是要将更多的方法融入“课程思政”的建设上，让成才、成长之间能够相互统一。

（三）提升教育效果，加大思政教育的力度

“课程思政”理念的实施让思政教育更具时效性，可解决传统思政理论课程的单一教育困境，为高职院校营造出全方位育人的体系。在“课程思政”的教学实践中，教师要主动将课程教学与价值观引导结合，发挥出课堂的育人功能，让专业知识的教育、价值观教育之间可以实现内在

① 张东良，周彦良．教育学原理［M］．北京：北京理工大学出版社，2017：213.

统一。

“课程思政”理念的提出延伸了高职院校育人活动的内涵与外延，专业课教师的参与情况如何，能否正确组织教学活动，对于课程的建设效果具有直接的影响。在“课程思政”提出后，专业课教师也明确了“教书”“育人”之间的作用，在为学生提供专业教育的同时，要挖掘专业课内容中的思政元素，让思政元素能够通过专业课的教学来渗透起来。在传统的教育工作中，思政课教师一直是单枪匹马，单一依靠理论课程对学生开展价值观的渗透，教育成果并不理想，实施“课程思政”，有效弥补了这一不足，让专业课教师能够很好地成为思政理论课教师的帮手，寻找到了专业课教学、思政教学之间的结合点，通过专业课内容与思政元素的结合，共同来引导学生在知、情、意、信方面做出正确选择，让思政教育活动更具力度。

二、实现高职院校思想政治教育工作创新

中国共产党成立之后，一直对思想政治教育工作予以高度重视。高职院校是在我党领导下的高校，对于高职院校的大学生，也要严格抓好思政教育，将其作为一项重点工作来抓。从某个角度来看，高职院校思政教育工作的效果会对党的事业的兴衰产生影响，也关乎国家的发展。在时代的发展与变迁下，在不同的时期和阶段，高职院校思政教育工作也表现出了新的特征，大学生对于思政教育也提出了新的诉求。近年来，“课程思政”的实施为高职思政教育工作的开展做出了突出贡献，也明确了高职院校教学改革的新方向，为立德树人目标的实现提供了新的途径。高职院校需要坚持社会主义办学方向，形成教育合力，坚持“立德树人”，让高职院校的教学质量取得突出成果。

（一）坚持办学方向，创新教育理念

在高职院校“课程思政”的建设中，需要坚持教育活动的政治性，这是一个首要宗旨，也是高职院校在办学活动中需要坚持的根本原则，也只有坚持正确的方向，后续的各项工作才能顺利进行。在全国教育大会上，习近平总书记旗帜鲜明地指出，坚持党对教育事业的全面领导，坚持优先发展教育事业，坚持社会主义办学方向，扎根中国大地办教育。这句话规定了高等教育的立身之本、发展之源，高度阐明了坚持社会主义办学方向是高等教育的根本性问题和方向性问题①。“培养什么人、怎样培养人、为

① 习近平．坚持中国特色社会主义教育发展道路　培养德智体美劳全面发展的社会主义建设者和接班人［N］．人民日报，2018-9-11（01）．

谁培养人”是新时代下高等教育面临的根本问题，“培养什么人”必须坚持德智体美劳全面发展的育人目标；“怎样培养人”必须坚持将高职院校思想政治教育工作贯穿教育教学全过程，实现全员全过程全方位育人；“为谁培养人”必须坚持社会主义办学方向，为中国特色社会主义现代化建设培养合格人才。基于上述要求，高职院校在教育活动中，需要高举社会主义大旗，坚定教育方向。长期以来，历代中央领导人都对这个问题予以了高度的关注和重视。

从社会主义教育事业层面来看，毛泽东同志对于这项工作非常重视。在抗日战争时期，毛泽东同志就明确了教育的政治方向。1957 年 2 月，毛泽东在《关于正确处理人民内部矛盾的问题》中首次提出了社会主义教育方针：“我们的教育方针，应该使受教育者在德育、智育、体育几方面都得到发展，成为有社会主义觉悟的有文化的劳动者。”① 随后，毛泽东在中国共产党全国宣传工作会议上再次强调了社会主义教育的重要性，“我们现在是处在一个社会大变动的时期。……我们正在建设社会主义。……新的社会制度还刚刚建立，还需要有一个巩固的时间。……要使它最后巩固起来，必须实现国家的社会主义工业化，坚持经济战线上的社会主义革命，还必须在政治战线和思想战线上，进行正常的、艰苦的社会主义革命斗争和社会主义教育。”② 为了为人民群众提供教育的权利，需要坚持中国共产党的核心领导地位，发挥出中国共产党对于教育工作的领导权。在我国教育事业的发展进程中，毛泽东同志一直强调，要发挥出中国共产党的领导作用，始终坚持党的领导地位，基于这一要求来明确学校思政工作的具体方向，让教育能够切实为无产阶级政治提供服务。毛泽东同志还认为，在高等教育中，需要将生产劳动、群众路线、党委领导相结合，这既是中国共产党在长期实践中总结出的一项重要经验，也是通过种种实践来验证过的真理，只有坚持这一路线，才能让我国的教育事业不断地向前发展。

对于学校的教育工作，邓小平同志也予以高度重视，他认为，学校教育应当坚持社会主义的政治方向。邓小平在马克思主义理论的基础上进行了创造与发展，在他看来，科学技术的生产力作用是不容忽视的。这一论断对于我国的经济发展也产生了深刻影响，而且这一影响也扩展到了教育领域中。我国人口众多，要促进社会的发展，就需要将人口资源转化为人

① 中共中央文献研究室．毛泽东文集（第七卷）[M]．北京：人民出版社，1999：226.

② 中共中央文献研究室．毛泽东文集（第七卷）[M]．北京：人民出版社，1999：268.

才资源，而这就需要借助教育来实现，长期以来，这也是国家发展中关注的一项重点，通过教育，能够培育出具备专业能力、管理经验的优秀人才。邓小平同志认为，国家的繁荣和富强是由劳动者素质来决定，知识分子数量越多、质量越高，国家越是可得到发展①。在中国这个人口大国中，只要能够把教育搞上去，发挥出人才资源的优势，对于国家而言，就是巨大的推动力。基于这一要求，邓小平同志对于教育事业予以了高度重视，他主张："实现现代化，关键是科学技术要能上去。发展科学技术，不抓教育不行。"② 因此，在多年前，我国就开始实施优先发展教育的政策。此外，邓小平同志对于社会主义精神文明建设的重视度也非常高，开展社会主义精神文明建设，其目标是培育"四有新人"，在"四有"中，"有理想"是一个重点。这要求学校培养人才要树立社会主义与共产主义理想，这样就能够把握好人才教育的方向。基于这一理论的引导，学校教育必须要抓好理想信念教育，就是要坚持正确的政治方向。邓小平同志认为，如果忽视了学校教育中的政治方向，其他一切的教学活动都会受到影响，方向是学校的灵魂。1989 年，邓小平同志提出："十年最大的失误是教育，这里我主要是讲思想政治教育，不单纯是对学校、青年学生，是泛指对人民的教育。对于艰苦创业，对于中国是个什么样的国家，这种教育都很少，这是我们最大的失误。"③ 这里所提到的"中国是个什么样的国家""将要变成一个什么样的国家"，说的就是方向问题。

同时，邓小平同志还认为，"科学文化素质"和"思想政治素质"两者具有同样重要的地位，不能厚此薄彼，科学文化素质与思想政治素质之间能够相辅相成。基于这一理论的指导，学校教育需要将政治方向放在首要位置，这并不是忽视科学文化的学习。实践证明，学生的政治觉悟越高，他们在学习科学文化知识时，就会更加积极、努力。因此，邓小平同志对于思政教育工作予以了更高的重视，要求将其融入学校的办学工作中。

江泽民则对于教育活动的目的提出了明确的要求，即"培养社会主义事业的建设者和接班人"，对于这一理念，他在 1999 年的第三次全国教育工作会议上对教育的目的进行了精确的论述，强调指出："教育为社会主

① 中共中央文献编辑委员会．邓小平文选（第三卷）［M］．北京：人民出版社，1993：120.

② 中共中央文献编辑委员会．邓小平文选（第二卷）［M］．北京：人民出版社，1994：40.

③ 中共中央文献编辑委员会．邓小平文选（第三卷）［M］．北京：人民出版社，1993：306.

义现代化建设服务、为人民服务，……以提高国民素质为根本宗旨，……努力造就‘有理想、有道德、有文化、有纪律’的，德育、智育、体育、美育等全面发展的社会主义事业建设者和接班人。”① 此后，江泽民在《关于教育问题的谈话》中重申了教育为社会主义服务的目的。“教育为社会主义服务”指明了教育的方向和性质。江泽民提出的新论断在继承了原有教育理论的基础上进行了升华，在以往，教育活动更多的是为经济发展、政治工作服务，而江泽民强调教育应该为社会主义而服务。基于此，教育的服务范围也出现了变化，开始融入社会主义的政治、文化、经济、艺术、科技、意识形态等各个方面，这就进一步拓宽了教育的服务范围，明确了教育的作用和地位，也让教育活动有了更为清晰的方向。

针对教育任务，胡锦涛也做出了详细的论断，强调教育要培养中国特色社会主义的建设者和接班人。步入了新的历史时期后，国内外形势发生了明显的变化，国家要“求和平”“促发展”“谋合作”，但是，在和平与发展中，还存在一些矛盾和问题未得到解决。此外，我国受到多种因素的影响，在社会、经济、政治、文化的建设上还存在一些问题，为解决上述问题，就需要采取科学的方法来提高教育质量，培育优秀的创新型人才，提高全民的综合素质，这也是教育界面临的重要课题。为此，胡锦涛提出：“加强和改进未成年人思想道德建设，努力培育面向现代化、面向世界、面向未来，有理想、有道德、有文化、有纪律，德、智、体、美全面发展的中国特色社会主义事业建设者和接班人。”② 之后，胡锦涛进一步扩展了育人的任务，他认为，培育社会主义建设者、接班人的任务不仅要关注未成年群体，也要关注高等教育领域。胡锦涛非常关注人才的培育，也明确了人才对于国家发展的重要作用，强调教育有着全局性、先导性、基础性的作用，因此，在教育的改革上，要顺应和平与发展潮流，彰显出教育活动的规律，坚持社会主义办学方向。

习近平总书记则针对办学性质问题做出了阐述，强调要坚持社会主义办学方向。在21世纪的第二个十年中，人们的生活质量得到了明显的提升，我国在国际上的影响力也越来越大，中国在世界上的角色也越发重要。同时，我国正处在全面建成小康社会的关键阶段，人民群众对于精神文化有了更高的要求，在这一背景下，中国特色社会主义的建设工作也出

① 中共中央文献编辑委员会．江泽民文选（第二卷）［M］．北京：人民出版社，2006：332.

② 中共中央文献研究室．十六大以来重要文献选编（中）［M］．北京：中央文献出版社，2006：81.

现了一些新的问题。在教育层面上，习近平总书记继承了前人观点，并加以进一步丰富和发展，对于高校的办学性质提出了明确要求，要求继续坚持办学的政治性原则，弘扬社会主义。在2012年1月14日，习近平总书记提出："高校党的建设要为建设能够培养高质量大学生的社会主义大学提供坚强的思想、政治和组织保证。"① 后来，习近平总书记也多次强调了党对于教育事业的领导作用，突出了高等院校的办学性质。

在高校思政教育工作中，一个重要的特点就是"阶级性"，这种阶级性就是思政教育的意识形态，就我国的教育活动来看，坚持思政教育的意识形态，就是要凸显出马克思主义意识形态的主导地位。要让高等教育实现高质量的发展，需要明确教育目标、坚持正确的办学方向，与中国特色社会主义建设目标保持一致性，也就是要达成"为人民服务，教民之所需，育民之所求"②；在具体的教育改革工作中，要凸显出党的绝对领导地位，发挥出马克思主义意识形态的领导权，与中国特色社会主义制度保持一致性，凸显出"四个自信"，让高等教育体系能够为社会主义现代化建设提供服务，为国家培养优秀的人才。思政教育工作是高职院校的组成之一，践行"课程思政"理论，能够凸显出马克思主义意识形态的主导地位，让思政教育工作能够实现从点到面的转化，凸显出高职院校的办学特色。在"课程思政"的建设实践中，要挖掘出各类课程的思政元素，凸显出教育的价值育人，让教书与育人工作能够真正地落实到现实中，坚持办学方向，提升育人能力。

（二）贯彻立德树人原则，加强队伍建设

古语有云，"人无德不立"。在个体的发展中，道德的意义是不容忽视的，所谓崇尚道德，应当成为做人的基本原则，在"立德树人"原则中，"德"是其中的关键，也就是说，个体只有讲公德、明大德，才能够将自己的才华应用到实践中。"立德树人"并不是在近年才提出的，早在2006年，领导人就曾经在讲话中多次提及"立德树人"内容，要求以此来引领教育的改革。党的十八大以后，习近平总书记进一步明确了"立德树人"对于高等院校教育发展工作的意义；此后，他又多次在很多场合中强调。2016年，在全国思想政治教育工作会议上，习近平总书记对立德树人的重要性进行了拓展和深化，将立德树人作为中心环节和高等院校的立身之本。这一提法进一步明确了"立德树人"的重要任务，并为"立德树人"

① 许国彬，高云坚．高校学生党建工作实务［M］．北京：人民出版社，2015：2.

② 邱伟光．课程思政的价值意蕴与生成路径［J］．思想理论教育，2017（7）：10-14.

赋予了全新的时代内涵，在这一理论的指引下，“立德树人”成为引领高等教育发展的重要原则。

在传统意义上，我们对于“立德”的问题，主要是从个体角度来分析；党的十八大以后，分析习近平总书记的各类讲话，我们可以看出，“立德”范围得到了进一步的扩展，不仅涵盖个体层面，还涵盖了集体层面。从个体层面来看，“德”包括“大德”“公德”和“私德”，其中，大德就是国家的德、社会的德；公德是公共的德、公民的德；私德是个人的品德与家庭的品德。从集体维度层面来看，“立德”要求教育事业要坚持党的正确领导，将党的路线、方针与政策落实到具体教学中，坚持马克思主义的指导原则，明确社会主义办学方向。借助“课程思政”，有助于“立德树人”目标的实现。在具体的教育中，需要对“立德”有正确的理解，从个体、集体两个角度出发，不仅要求教师、学生能够真正地“立德”，在学校教学、管理的各个环节中，也要坚持“立德”理念，既要关注个体“德”的培养，还要注重培养集体的“德”，将个体、集体两者相结合，这样才能够真正让“立德树人”落实到实践中。

新中国成立后，尽管国内外的形势变化迅速，但不管是哪个阶段，党和国家都对人才的培养工作予以了高度重视，只是在不同的阶段和时期，其育人目标具有差别，但是不管是怎样制定目标，都要做到以“立德树人”为主要目标。从习近平总书记的系列重要讲话中可以看出，要发展教育事业，首要内容就是要解决“为什么样的人”的问题。对此，习近平总书记也提出了明确要求，包括培育具有民族复兴使命担当的时代新人、培养德智体美劳全面发展并为中国特色社会主义建设服务的时代新人、学校要坚持中国共产党的领导，培养为社会主义现代化建设持续奋斗的时代新人等。同时，习近平总书记非常重视青年的培养，强调青年对于国家发展的重要意义。他针对高等教育“树人”问题进行了明确阐述，他的思想继承了前人研究的精髓，又结合时代特征进行了升华，回应了时代对于人才的诉求，也明确了人才的未来发展方向，开创了新的教育篇章，这为“立德树人”工作的开展提供了理论支撑。

高职院校承担着为社会培养复合型、应用型人才的重要任务，要为我国从“人口大国”变为“人才强国”做出应有的贡献。基于这一目标，在新时代，高职院校教育的主要目标就是为社会发展提供对口的各类人才，而能否提供优质的人才，与高职院校“立德树人”工作的实际开展情况有着密切的关系。“立德树人”属于高职院校的育人之根本，如今，高职院校的生源、办学环境等都出现了变化，既面临机遇，也面临着一定的挑战。社会中各类的新价值、新思想迸发，各类社会思潮之间的相互交锋，无疑对时代前沿的大学生带来了深刻影响，这种影响渗透在学生的行为与思想中。高职大学生的思想表现出了较强的可塑性，在校内，他们学习专业知识，接受思政教育；在校外与网络上，他们受到各类新型价值观与非主流社会舆论的影响。因此，高职院校“立德树人”任务的实现还面临着一系列的挑战。要提高“立德树人”工作实施的有效性，就需要从课堂教学来着手，发挥课堂教学的主阵地作用。要让这项工作顺利开展，就需要一支优质的教师队伍。“课程思政”为“立德树人”任务的实现带来了全新的思路，在以往，高职院校“立德树人”任务的实现更多的是依靠辅导员、班主任和思政课教师，如今，则需要做到“全员育人”，加强队伍建设。

在这一过程中，专业课教师发挥着不可替代的重要作用，他们在课堂中不仅要为学生传授专业知识，培养学生的能力，还要为学生提供价值观的引导。在高职院校的发展中，专业课程是其中的重点，这也是培育学生的立足根本，因此，在“课程思政”的实践上，要与各个专业的教学结合。尽管专业课教学不像思政理论课一样有政治倾向，但其中的内容也能够发挥出精神培育、价值观塑造的功能。作为专业课教师，要主动投入“课程思政”的建设上，为实现“立德树人”的目标做出贡献。

（三）为发挥育人合力提供新途径

根据《中国百科大辞典》的释义，如果物体同时受到了几个力的影响，其运动效果与受到一个单独力作用时是相通的，这个力就称为合力。《中国百科大辞典》中关于“合力”的阐述，更多的是从物理层面的解释。“合力”的内涵包括两个方面，即“合”与“力”，尽管言简意赅，但是都有着丰富的内涵。当今时代，随着科技的发展和进步，“合力”也逐步应用到其他的领域中，对社会科学领域也产生了深刻的影响。

从历史发展进程来看，恩格斯的想法颇具代表性。他认为，每个人的社会阅历、生活条件不同，动机和目的也具有差异，在动机和目的的指引下，他们参与各类活动，“这样就有无数互相交错的力量，有无数个力的平行四边形，由此就产生出一个合力，即历史结果。”① “课程思政”能够发挥出各门课程的育人力量，其中的“合”就是汇聚各类思政教育资源。“课程思政”要求教师将价值的引导、知识的传授放在同样重要的位置，在为学生讲述专业知识的过程中，不忘挖掘其中的思政教育资源，与思政

① 中共中央编译局．马克思恩格斯选集（第四卷）［M］．北京：人民出版社，2012：605.

课程一起，共同为学生发力；其中的“力”就是育人活动对学生产生的影响。“课程思政”的实施要求专业课教师为课堂赋予温度、深度和力度，让育人活动更具影响力和感染力，在该种模式下，专业课教师就能够为学生的成长提供正确指引。

“课程思政”的建设为高职院校的育人活动提供了新的途径，也明确了发挥育人合力的客观要求，落实到具体教学中，需要综合各类影响因素，包括主观因素和客观因素。其中，主观因素就是高职院校中为“课程思政”提供合力的各个主体，他们为“课程思政”的建设提供了主观条件，对于大学生的教学活动，只有发挥出教育合力，才能取得理想的教育效果。此外，作为教师，还要具备育人合力的综合素质，如果不具备育人活动的技能，那么，即便心有余，也会力不足。人可以改变环境，作为教师，也要成为环境的改变者①。在高职院校“课程思政”的改革进程中，能够让育人主体对这项工作有正确的认知，特别是专业课教师、思政课教师，他们是育人活动的主体，需要端正自己的教育动机，明确价值观对学生个体以及国家发展的意义，从而主动形成教育合力，共同为“课程思政”的建设奏响新的乐章。客观因素是由“合力目标”与“合力机制”来组成，为什么要实施课程思政呢？其目标就是为了更好地落实“立德树人”的重要任务，基于此，各个合力主体需要基于共同的目标来进行育人。其中，“合力机制”是将各类育人力量组织起来的一种方式，在“课程思政”的实践活动中，不管是专业课教师、辅导员、班主任，还是接受教育的学生，都是活生生的人，有着主观能动性的特征。“课程思政”的本质属于隐性教育力量，需要发挥出各个育人主体的作用，将课内教学、课外教学结合，线上教学、线下教学结合，用合适的方式为学生传授思政教育元素，促进合力目标、合力机制的统一，达成理想的育人目标。

三、实现“思政课程”与“课程思政”一体化建设

在《汉英社会科学大词典》中，“一体化”被译为“integrate、integration”，从本质来看，所谓一体化，就是将相关的两种事物，或者两种以上的事物作为整体，或者将其各个方面统一，使之成为单一的实体。“思政课程”到“课程思政”的转变是教育理念的革命性发展，要让“思政课程”和“课程思政”深刻结合起来，就是要求摆脱高职院校中的教育孤岛，让各门课程都能够发挥出理想的育人作用，成为教育的整体，在育人活动上实现统一，从而为“立德树人”的实现提供服务。

① 中共中央编译局．马克思恩格斯选集（第一卷）［M］．北京：人民出版社，2012：134.

“机制”一词源于希腊文（mēchanē），具有机械、机器之意。《辞海》中将“机制”定义为“机器的构造和动作原理。”① “机制”一词最早是自然科学领域的一个词语，其概念就是“指事物或自然现象的内在结构及其相互作用的过程、原理和功能”② 后来，“机制”一词逐步在社会科学领域得到了普遍应用，其改变与整体之间有着密切关联，如果整体能够得到高度融合，就会带动机制的发展。在“课程思政”教育理念推行后，为“课程思政”“思政课程”的一体化建设提供了理论方面的支持，如果可以实现两者的一体化，将可以将育人机制协同、贯通起来，激活大学生的价值认同。

（一）贯通育人实践协同机制

“推动思政课程与课程思政协同育人，构筑育人大格局，提升思想政治工作效能”③，这属于高职院校在新时代下面临的一个重点课题。长期以来，在各类因素的影响下，高职院校的教育活动普遍存在一个困境，具体表现为思政理论课程与其他专业课程脱节，各门课程的教师只关注教学活动，未认识到育人活动的重要性，因此，各门课程的教学是单一、单向的，未做到“教育”与“育人”的深度结合。在实现“课程思政”与“思政课程”一体化后，能够在高职院校内部打造出贯通育人的协同价值。要明确这项内容，就需要认识到“协同”的概念，这一词语最早属于军事领域，《后汉书·吕布传》记载道：“将军宜与协同策略，共存大计。”从最早的概念来看，“协同”就是在统一的计划和意图下，要求各个军种、兵种、部队之间相互配合、支持，共同采用行动。在时代的发展下，“协同”的概念也在多个领域得到了广泛使用。从社会科学领域来看，协同也是一个重点概念，属于一个系统化的内容，在系统内部，是由各个子系统组成，在特定的条件下，子系统之间会产生相互作用，形成自组织结构，这个自组织结构是有特定功能和价值的，在宏观层面上，会形成空间结构和时间结构；在特殊的条件下，能够达成新的序态。在西方国家中，“协同”概念最早是物理学层面的概念，是由联邦德国理论物理学家赫尔曼·哈肯提出的。经过长期的发展，“协同”被证明并不是个别的现象，在各个领域中都是非常普遍的，在任何的系统中，只要赋予一定的条件，就可能会出现协同效应。因此，“协同”概念在社会科学、自然科学领域中都

① 辞海编辑委员会．辞海（中卷）［M］．上海：上海辞书出版社，1989：3270.

② 石瑛．思想政治教育过程机制研究［D］．长春：吉林大学，2008：22.

③ 涂刚鹏，刘宇菲．思政课程与课程思政协同育人的三维路径［J］．学校党建与思想教育，2020（21）：50-53.

有着广泛的使用。从高职院校的课程教学而言，每门课程都非常重要，相互之间也不是独立存在的，课程是开放化的，课程之间也会产生联系。在“课程思政”理念提出之后，能够让育人活动渗透至各门课程的教学中，其中，思政教师队伍是一个子系统。而实践也显示，建设“课程思政”，能够促进“思政课程”与“课程思政”的协同育人。

要真正地做到实践育人协同，就需要借助“课程协同”来实现，要让育人实践的协同得到更好的运转，需要发挥出课程的主要载体作用，挖掘出具体课程的育人作用。要实现协同育人，需要改变传统意义上“课程思政”的孤立教育局面，以各门课程的具体育人实践活动作为载体，让思政元素能够潜移默化地进入课程教学中，实现各门课程的育人协同。在“课程思政”理念提出之后，各个高职院校也充分认识到不能只发挥“思政课程”的作用，要更好地开展实践，就需要通过各种渠道，为学生解决“精神危机问题”，让“课程思政”与“思政课程”之间能够深刻地协同起来。思政元素的来源非常多，也并非只集中在教材中，在社会生活的各个层面，都可看到思政的元素。例如，在2020年年初发生的新冠肺炎疫情中，就蕴含着丰富的思政教育元素。新冠肺炎疫情发生之后，牵动着各族人民的心，在党和国家的坚强领导下，各方纷纷伸出了援助之手，社会各界驰援武汉，尤其是各地的医务工作者，他们置自己的安危于不顾，成为新时代的“最美逆行者”，这些感人事迹都是生动的思政教育内容。因此，高职院校在“课程思政”理念的引导下，需利用线上、线下相结合的方式，向学生开展思政教育，进行协同育人，根据学生现有的道德水平、思政水平、政治水平来开展教学活动，根据学生的思政素质形成规律，开展有针对性的系统化教育工作，让“立德树人”的目标能够顺利达成。

（二）完善育人队伍协作机制

要完善育人队伍的协作机制，首先要明确协作机制的内涵。所谓协作机制，就是系统中各个要素、子系统的共享、沟通、协商、组织、协调、分工与合作。完善的协作机制，必须具备相应的媒介形式，只有通过媒介形式的支持，才能够提升协同效应，优化系统功能，实现高效的运作。关于高职院校育人队伍的协作，关键是要从育人队伍的内部来着手，让专业课教师、辅导员、管理者等主体之间都能够共享思政教育资源，相互之间都有着明确的分工，明确各方的责任，大家通力合作，帮助思政课教师减轻工作压力，解决传统思政课教师孤军奋战的问题，从而提升思政教育的效果。“课程思政”属于高职院校合力育人的一个具体表现，为高校思政工作的开展提供了新的增长点，能够将专业课程、思政课程的关系整合起来，做到协同育人，发挥出教育的引领作用①。

在协同机制上，重点就是要把握好育人队伍之间的协作；在协同育人工作的开展上，每个教师的育人职责都是不同的，不同的课程教师，他们的育人使命不同，需要发挥出教育合力，共同守护好思政教育的“责任田”②。当前，部分教师受到思政思维、理念等因素的影响，还没有明确“立德树人”任务的相关内容和具体要求，不了解课程思政的价值观引导作用，对于如何完成“立德树人”的认知，在思想上还存在一定的偏差。促进“课程思政”与“思政课程”一体化发展后，思政教育就不仅仅是思政课教师的任务，除了思政课教师之外，专业课教师、班主任、教学辅助人员、行政干部等，都要承担起相应的重任，扮演好各自岗位的角色，让科研育人、教书育人、管理育人、实践育人、文化育人、服务育人等工作能够实现一体化的发展。“课程思政”要求所有的教师都能够成为重要的育人力量，共同对学生提供培育和引导。在这一模式下，育人队伍规模得到了进一步的发展和壮大，为育人队伍的协作提供了支持。

（三）激发育人价值认同机制

“认同”一词源于拉丁文“idem”，最早出现在心理学领域，弗洛伊德是使用这一概念的第一人。他认为，在儿童人格的发展进程中，他们会模仿大人，主动吸收、内化父母、老师的部分品质，从本质上来看，这属于“认同作用”。当然，认同作用不仅在儿童群体中存在，在成人群体中，也有这一倾向，只是儿童和成人群体的认同不同，后者更加集中于社会价值层面的认同，此后，专家学者针对各个学科领域的认同进行了深入分析。关于“认同”的概念，《社会科学大辞典》中有明确的界定。所谓“认同”，就是群体中的成员在认知与评价上产生了一致的看法及其感情。在群体中，成员有着相似的目的、利益与诉求，相互之间也会产生相似的价值取向和认知倾向，并主动保持一致性。对于高职院校而言，在“课程思政”的建设过程中，也涉及“认同”的问题，在社会主体与客体的接触过程中，相互之间会产生“认同”，在这一过程中，社会主体会用自己的价值来判断美丑、善恶与是非，并最终呈现出情感和态度。从本质上看，在主体客体化、客体主体化的统一过程中，就慢慢实现了认同。高职院校“课程思政”建设的目标在于更好地发挥出育人作用，让学生在教师的引

① 敖祖辉，王瑶．高校“课程思政”的价值内核及其实践路径选择研究［J］．黑龙江高教研究，2019（3）：128-132.

② 涂刚鹏，刘宇非．思政课程与课程思政协同育人的三维路径［J］．学校党建与思想教育，2020（21）：50-53.

领下，产生价值认同，在这一过程中，教师、学生属于主体，客体就是“课程思政”的育人价值。

从价值上来看，“价值也就是主体在实践活动中建立起来的，以主体的尺度为尺度的一种客观的主客体关系，是客体的存在及其性质是否与主体的本性、目的和需要等相一致、相适应、相接近的关系。”① 根据价值的概念来看，价值是由“主体”“客体”“实践”三个要素组成的，主体能够体现出价值，客体为价值提供了载体，最终价值的确定者就是实践活动。在育人价值的实现上，会涉及“需求”“满足”的问题，基于“课程思政”的建设要求，专业课教师在教育过程中，需要遵循学生的品德发展规律，为学生传授社会主流价值观，让学生成为优质的社会主义时代新人。高职院校育人价值的体现，其本质就是一种利益和满足的关系，在这一方面，马克思也提出：“‘思想’一旦离开‘利益’，就一定会使自己出丑。”②“课程思政”的实现也是为了达成既定的利益，这也是在特定的利益基础上得到发展的，如果“课程思政”与利益之间割裂开来，那么“课程思政”的实施就会陷入了一个空谈。在“课程思政”理念提出之前，高职院校的教师对育人工作的关注度不够，大学生的思政学习主要是通过思政理论课堂来完成，对待思政理论内容，学生感到枯燥、乏味，这就导致他们对主流教育活动不认可。“课程思政”的本质是为了更好地落实育人活动，“育人”也是其实现的固有目标，要达到这个目标，就需要师生之间的共同努力。如果实现“思政课程”与“课程思政”的一体化，让专业课教师对思政教育的重要性有深刻认识，形成正确的价值观念，并将这一价值观念用于自己的生活、教学中。可以看出，“课程思政”的实施激发了教师及学生逐渐对育人价值产生“认知认同—情感认同—行为认同”，使得育人价值的认同机制良性运转起来。

① 项久雨．思想政治教育价值论［M］．北京：中国社会科学出版社，2003：38.

② 中共中央编译局．马克思恩格斯全集（第二卷）［M］．北京：人民出版社，1957：103.

第七章 高职课程思政建设的推进方略

所谓科学的研究方法，可以理解为是找到问题解决问题的过程。任何事物的发展历程都不可能是一帆风顺的，面临各种问题是常态，当然发现问题以后最重要的还是解决问题，为事物的健康发展剔除障碍。“课程思政”建设对高职院校推进立德树人根本任务落地落实、推进人才培养质量提升有着不可替代的作用。针对目前高职院校“课程思政”建设中所面临的各种困境及其原因，笔者认为，应从原则、方法、路径等方面加强“课程思政”建设，坚持党委领导、协同共建、贴近实际等原则，实施统筹与支撑相统一、自察和培训相统一、融合和联动相统一等方法，引导教师树立“立德为先”的价值观、专业课程凸显科学的价值取向。

第一节 高职课程思政建设的基本原则

原则是说话或行事所依据的法则或标准，课程思政建设的基本原则就是正确处理各种矛盾和关系所必须遵循的法则或标准，保证课程思政建设的方向性、科学性和有效性，对于“课程思政”建设的顺利进行具有重要意义。

一、系统性与长期性原则

“课程思政”建设是一项系统工程，包含着复杂而不可分割的因素和环节，这些内容是一个具有内在逻辑和联系的整体，必须从整体上把握，决不能相互割裂或顾此失彼，片面、孤立地强调某一方面会导致整个系统的失败。从课程建设方面，包括对教育主客体的分析和把握，对课程目标的定位和设置，对课程教材的选择与更新，对方法途径的使用和创新等等，这些因素和环节按照一定的逻辑组成。而这些因素和环节又受到社会发展、人的需要等因素的影响，具有动态性，因此要驾驭这个复杂的体系，履行时代使命，必须坚持系统性原则，用整体的视角进行动态的把握。从课程协同方面，要根据专业的培养目标，处理好相互之间的逻辑关系，注意课程间的衔接与配合，确定课程在不同学期中学习的深度和广度，尤其是对新增加的课程的必要性要做评估，避免课程的重复。在课程间协同方面，应根据课程的不同属性、规律等，运用知识迁移的方法，从主题、内容或问题等板块链接不同课程，使学生在其中也能建立起系统的思维。在学生方面，我们应认识到人的发展是一个不断变化的过程，而不同的学生具有个体差异性，只有运用系统的方法才能在尊重个体差异的前提下，为学生提供合理的教育内容和方式，使不同的个体都能在自己原有的基础上逐步提高，才能做好不同学段的衔接工作。

系统本身就是一个长期建设的过程，“课程思政”体系必然是能够在长时间内贯彻落实“立德树人”根本任务且可持续发展的框架结构。从人的思想道德形成的不稳定性以及意识形态领域斗争的复杂性来看，“课程思政”是有长期存在的必要性的，因此“课程思政”体系建设不是一蹴而就的。目前许多学校将“课程思政”体系建设工作视为一项阶段性的活动或者是运动式的短期行为，有相当一部分建设不稳定，连续性差。为保障“课程思政”体系建设的井然有序，就要制订严格的发展计划，促使不同专业按照自身所处的阶段有目标、有重点、有步骤地发展。要制定出具体的、前后衔接一致的阶段目标，不能随意超越或人为揠苗助长，保证“课程思政”建设能够按照内在逻辑连贯开展。

二、科学性和思想性原则

科学性和思想性原则的统一指向的是教书与育人的统一。科学性即客观真理性，是指任何课程理论都必须解释研究对象的本质和规律，以达到对事物真理性的认识和把握。不论是自然科学还是人文社会科学，任何一门课程之所以成为科学，都是按照课程本身所发现的本质，运用一定的逻辑，由特定的概念、范畴和原理等进行表述，从揭示研究对象的规律性中建立起来的。“课程思政”体系构建的基础就是保证课程教学的科学性。只有科学性的教学实现了，思想性的教学才能实现，也更能令人信服；反之，如果教学没有科学性，再好的思想性也像空话、套话。

思想性与科学性是同步的，不是两个分割的部分，把思想性融入教学中，为科学性增加价值判断，这样才能建立真正的协同。思想是思想政治教育的核心概念，思想政治教育是教师使社会思想政治品德成为学生的个人思想政治品德的实践活动，在这一含义中展现出了一对矛盾范畴，即教师所掌握的社会思想政治品德与学生思想政治品德水平的矛盾，思想、政治、品德三个概念构成了思想政治教育的最核心的内容，笼统来讲，三者都是人的意识，也可以说是思想。自阶级社会发展以来，任何思想一旦出现，都会被深深地打上阶级的烙印。在任何阶级社会中，社会思想必然是代表统治阶级的利益。在我国，社会思想就是以社会主义核心价值观为代表的凝聚最广泛人民的价值，社会主义核心价值观所宣扬的“富强、民主、文明、和谐、自由、平等、公正、法制、爱国、敬业、诚信、友善”是社会主义社会的价值导向，同资本主义社会所宣扬的“自由、民主、人权”有着根本性质的不同。在当前形势下，思想领域的斗争越来越激烈，资本主义国家因为害怕社会主义的繁荣发展，采取了一系列西化、同化政策，同社会主义社会争夺人才，通过经济全球化推行文化霸权，企图用电影等文化形式来西化我国青少年思想。因此“课程思政”建设体系构建中必须牢牢坚持思想性原则，使学生掌握理论知识，树立崇高的理想信念，坚定中国特色社会主义道路自信、理论自信、制度自信和文化自信，为中华民族伟大复兴中国梦添砖加瓦，为实现共同理想和最高理想付出一代又一代人的努力。

三、适应性与超越性原则

邱伟光、张耀灿在《思想政治教育原理》一书中提出了“适应超越律”，主张既要尊重学生意识层面道德水平和需要，又要以此为根据，超过教育对象已有的道德水平和需要①。马克思指出，人开展任何实践都要被社会和环境等客观因素制约和限定。适应性一方面是指“教育要与社会的经济、政治、文化等等相适应，培养出适应社会需要的人”，另一方面是指要适应和符合学生的身心发展状态。“课程思政”建设体系构建必须遵循适应性原则，必须立足于社会存在决定社会意识这一客观规律，考察学生思想形成和发展的独特的物质生活方式和身心发展规律，有针对性地组织和实施思想政治教育。

超越性是指思想政治教育在人才培养上具有先导性和超越性，一方面是指既有现存的关于思想政治品德等层面的规定，同时还有对现有状态超越并主动面向未来的引导；另一方面就是通过教育与引导，使学生自身也能产生自觉的、超越的力量。人类的这种精神力量具有无限性，能够引领人们不断提高思想境界水平，在有限的生命中不断累积文明的成果。“课程思政”建设就是面对理想与现实、个体与社会的不同视角，在充分考虑已有的思想政治品德基础上，提出符合学生全面发展的新内容和新要求。因此，“课程思政”体系构建中，要源于现实又要高于现实，帮助学生树立正确的世界观、人生观、价值观，同时又能确立远大抱负和坚定的理想信念，驱动着学生不断超过现实，不断实现人生价值。

---

① 邱伟光，张耀灿．思想政治教育学原理［M］．高等教育出版社，1999：114.

第二节　高职课程思政建设的主体责任

明确“课程思政”建设的责任主体才能推动真正的建设和良好的运行。高职院校党委作为思想政治工作的主导，理应发挥“课程思政”建设的主导权，做好统筹规划与推进。教师是课程思政实施的主体，需要发挥主观能动性，将课程价值理念传输给学生。各职能部处则应该以党委指令为核心，围绕如何更好地推进“课程思政”建设这个中心，为教师上好课程思政课做出努力。

一、保证党的主导权

习近平总书记在全国高校思想政治工作会议上指出：“要掌握高校思想政治工作的主导权，巩固马克思主义在高校意识形态的主导地位，用科学理论培养人，用正确思想引导人，保证高校始终成为培育社会主义事业建设者和接班人的坚强阵地。”学校是培养人才的重要场所，思想政治工作是人才培养的首要阵地，坚持党的领导，牢牢掌握思想政治工作的主导权，任何时候都不能有丝毫动摇。主导权首先是领导权，是党委对“课程思政”建设工作的绝对领导地位，但主导权又不仅仅是领导权，是在领导的基础上，重在引领，拎重点、指方向、明目标，掌握全局、引领发展。故而党委对“课程思政”建设的主导权，就是党委高屋建瓴，在把握思想政治工作全局的基础上，从宏观上主导课程思政协同创新工作的进行，把方向、管大局、作决策、保落实，创新体制机制，注意与其他各项育人工作互动相融，形成各部门齐抓共管的局面，实现以思想引领课程，真正回答好“为谁培养人”“培养什么样的人”“如何培养人”这三大重要而紧迫的问题。

首先，掌握“课程思政”建设的主导权，是发挥党领导的保障作用。思想政治工作作为思想引领工作，是党的意识形态工作的重要组成部分，课程思政协同创新又是思政工作的重要内容。在当前社会来说，随着中外思想、文化、生活方式等的相互碰撞，带来各种各样社会思潮的涌动。大学生作为时代思潮影响的先锋，最容易接受新思潮，同时也最容易引领时代思潮。学校常常成为各样思潮的聚集地，多样复杂的思潮如果得不到统整，则势必会消解马克思主义意识形态话语对大学生的影响力。因此，高校迫切需要在课程教学中坚持党的领导，牢牢掌握思想政治工作主导权，引领和整合社会思潮，大力弘扬主流意识形态，形成最广泛的政治意识认同，提高社会主义意识形态在思想政治工作中的话语分量。

其次，掌握“课程思政”建设的主导权，是高职院校办学的根本遵循。对于高职院校来说，要面向未来培养社会主义事业合格的建设者和接班人，因此，迫切需要马克思主义发挥其理论科学性、彻底性、政治坚定性，为明确办学方向、办学理念、办学目标，从根本上为思想政治工作提供科学指南和根本遵循。“课程思政”建设只有在马克思主义的科学指导下，才能真正围绕学生做好思想引领工作，一方面能丰富马克思主义理论体系，促进思想政治工作理念更科学、育人方法更有效、过程更贴近实际；另一方面能提高人才培养质量，促进其政治素质、思想道德素质、文化修养等全方位的提高。

最后，掌握“课程思政”建设的主导权，是人才培养的前提和必需。人的头脑不可能是真空的，总是要装进去什么东西的。如果不将先进思想、科学理论、价值观念传播给学生，不将理想信念、家国情怀植入他们的心里，那么他们脑子里自然而然便被其他东西所填满，学生在被各色信息包围、被各种价值观影响、被各类社会思潮腐蚀、被各方利益诱惑时，容易产生价值混乱。人不讲公德的时候，便只关心一己之私；不讲爱国的时候，国家便难以汇聚泱泱大国的磅礴之力；不讲法治的时候，便会出现一群钻漏洞的投机者。总之，政治方向出问题，人注定是走不长远的。因此，“课程思政”建设就是要培养德才兼备的人才，必须在思想上给其德，增强其对党的信任、对政府的信赖、对马克思主义的信仰、对中国特色社会主义理论体系的自信等。

二、发挥教师的主体性

教师在教学中处于何种地位，一直是学界关注和研究的对象。“课程思政”建设的本源在课程，教师是课程实施的最具主观能动性的因素，是“课程思政”建设的主体。在 20 世纪 80 年代，教学论领域有学者开始提出师生在教学中相互关系论，在不同发展阶段，主要经历了“单一主体论”“双主体论”“主体间性论”等几种观点。“单一主体论”最早是认为“教师为主体、学生为客体”，即教师决定了课程的目标、内容、方法、环节等，学生是教师的教学对象。随着学生自主学习理念的提倡，这一理论转变为“学生为主体、教师为客体”，这一理论主张一切以学生为中心，所有的教学活动目的是使学生获得知识和能力，因此教学是学生在教师的帮助下开展的学习活动。“双主体论”主要是指教师和学生均为主体，将教学分为“教”与“学”：在教的领域中，教师是主体；在学的领域中，学生是主体。随着研究的发展，以交互性交往为基本形式的“主体间性理论”在教学领域中开始渗透，强调在教学中民主平等的交往关系，教师与学生双方是对等的，都以参与者的姿态参与相互的教学关系。

不论教师在教学中以“单一主体”“双主体”还是“主体间性”为遵循，不可否认的是教师一定是具有主体性的，尤其在“课程思政”建设中更需要发挥主观能动性，一切的组织、保障都是为了配合教师的课程思政的实施。而且在“课程思政”建设中，除了知识传授和能力培养之外，价值引领是以教师的思想影响学生的思想，以教师的价值观引领学生的价值观，同样需要教师的主体性的发挥。

教师在“课程思政”建设的主体地位，首先体现在教师真正参与到课程的编制与开发。各高职院校大部分的课程采用的教材都是马克思主义理论研究和建设工程（简称“马工程”）教材，也有部分自选教材或校本教材，不论何种教材，教师在开展课程思政教学与实践之前，都应紧紧围绕教材，吃透教材，提升驾驭课程的能力，从而站在更高的角度将思政元素更好地挖掘并融会贯通。教师应做到对课程大纲、教学计划、每一章节的重难点进行分解，具体到知识传授、能力培养和价值引领的三维目标上，点面结合。在实施的过程中，可以在同一教研室或系所中定期采取座谈会的形式，将难以把握的重点和难点问题进行沟通和讨论，提出应对措施。其次，教师在“课程思政”建设的主体地位体现在课程思政内容的设计上。课程思政内容的设计体现在材料的选取、方法的使用和程序的设定上。在课程的编制与开发中，教师进行了再选择和再组织，将能体现和反映知识、能力和价值三维目标的重难点进行选取和加工。教学方法的使用是将教学内容有序且有趣地组合起来，既有效又有吸引力，以提高教学的质量。程序的设定上也需要教师的精心设计，例如一堂课分为几个部分，通过哪些教学环节和步骤来完成教学任务等。

三、强化各队伍的执行力

“课程思政”建设是一个巨大的系统工程，每一个部门、每一个教职工都应守好责任田。从党委的宏观把握到教师的一线实施，还需要职能部门、二级学院和思政工作队伍的执行责任的落实，才能保证每一门课、每一节课都能收到好的效果和反馈。虽然在这一系统中，各职能部门、二级学院、思政工作队伍扮演的是辅助性角色，却必不可少，能够有效协调各方关系、资源，为课程思政协同创新提供平台、支持。

要建立由教务处牵头，教师工作部、党委宣传部、人事处、学生工作部（处）、团委、思想政治理论课教学部等相关职能部门和二级学院各负其责的工作机制。教务处应积极推行教学改革，在教学评价、考核中明确课程思政的比例，设计课程思政教学规范和质量评估指标，保障课程思政能顺利推行；教师工作部和党委宣传部应在广大的一线教师中挖掘课程思政的先进典型，进行宣传，号召所有教职工以此为榜样；人事处对积极实施、开发课程思政的教师应优先评定职称；学工部、团委等部门应不仅仅局限于第二课堂，应组织思政课教师、辅导员参与到综合素养课（通识课）、专业课教学实践中；思想政治理论课教学部作为课程思政实施的理论指导单位，应在课程的开发和实施中把握深度、广度和温度，保证以正确的理论做指导；同时还应加强各系所教师的交流沟通等等，使教师感受到不仅仅自己参与改革，而是所有部门和全体教职工都同向同行。

四、处理好责任主体之间的关系

（一）党委主导与教师主体的关系

“课程思政”建设的本源在课程，实施主体是教师。目前在校的“00后”大学生，他们的成长、成才、成功期与中华民族伟大复兴中国梦实现的历史时期完全重合，是实现中国梦的主力军，而教师就成为打造这支“梦之队”的筑梦人。教师是实施“课程思政”建设的关键因素，是落实党委号召和要求的具体执行人，因此，党委发挥主导作用要将功夫花在教师育德意识和育德能力的培养上，教师育德能力和育德意识培养得越扎实，教师主体作用发挥得就越好，“课程思政”建设工作的推进就越顺利。

在“课程思政”建设工作中，党委主导作用体现在为教师的教书育人引好道路、搭好平台方面，切不能只领导不服务。在教师育德意识的培养上，党委可以通过典型引领、政策规范、经验交流、工作推进等方式，做好教师的认同工作；如果教师不理解不认可在课程中开展思想政治教育时，可以通过教学的指导、讲座沙龙的方式，答疑解惑。总之，要做好领导与服务工作的结合，做到相信教师、引领教师、依靠教师、服务教师，全心全意帮助教师成长。

党委在推进“课程思政”建设过程中，要注意处理好教师不同阶段的认知程度关系。从“课程思政”建设实践中可以发现，最早将这项工作称之为“专业课程德育实践项目”到后来“课程育人”“课程德育”再到现在的“课程思政”，是随着教师对课程思政的不断认识而被理解和接受的。专业课教师从最早的茫然和抗拒，把课程思政理解成思想政治理论课，不理解课程当中为什么要渗透思想政治教育，更不知道如何去做。随着高校思想政治工作会议的召开，“课程思政”这一概念在近几年来基本被完全接受，吸收了越来越多的专业课教师加入了课程思政建设的行列之中。

（二）党委主体与落实部门的关系

课程思政协同创新是一项系统工程，是发挥党委主体责任的重要着力点。但在落实过程中，各具体部门往往以眼前的、短期的工作为重，会将课程思政这一项影响深远但效果渐进的工作放置一边。问题的关键在于其没有认识和遵循党的领导工作的规律，没有解决好学校乃至国家长远战略任务与当前事务工作之间的关系。党的领导工作的规律主要是全心全意依靠和服务群众，只有很好地理解这一根本规律，才能顺利推进各项工作。“课程思政”建设是立足于培养可堪时代重任、承担实现中华民族伟大复兴中国梦的历史责任的青年学生而提出的，这是关系着我们党和国家的人才培养方向，关系着党和国家的未来与希望，需要不断探索。

“课程思政”建设是一项长期战略任务，学校必须在发展战略规划中进行专项规划，从指导思想、发展目标、建设重点、核心任务、保障措施、远期规划等各方面渗透和融入这一战略任务，打破课程与思想政治教育相对分离的状况，构建全员、全程、全方位的育人体系，使各部门充分重视课程思政协同创新工作。除了专业规划外，还需要安排好年度工作计划，使课程思政协同创新持续地、年复一年地稳中推进，这样战略规划才有可能实现。年度的工作计划要通过项目的方式，明确项目的目标、任务、周期、落实部门、配合部门和具体责任人，使每年的工作计划能相互衔接，并逐步扩大和深入，逐渐实现“百年树人”的长期目标。落实年度工作计划还要做好检查和督办，督促责任部门按要求完成计划任务，落实主体责任。在督办过程中，及时做好指导，发现问题并解决问题，使各个部门真正重视起来。

从责任人的角度，要做好责任的认定与划分。“课程思政”建设应该具体落实到哪个部门，各个学校做法不一，有的学校是由教务处落实，有的学校是由宣传部落实，有的学校由教师工作部落实。2016 年颁发的《关于加强和改进新形势下高校思想政治工作的意见》中，明确了学校党委书记履行第一责任人的职责，党委领导班子其他成员履行“一岗双责”，即结合业务分工抓好思想政治工作的要求。课程思政的本源是课程，因此从专业培养方案设置到课程体系建设、专业教材选择、教学过程管理与评价的各个环节，梳理课程所蕴含的思想政治教育元素，发挥思想政治教育功能，实现思想政治教育和课程的有机统一。从工作的流程上看，“课程思政”建设的主要职责应该落实到分管教学的校院领导和校院教学管理部门，应该在党委的领导下，结合分管的教学工作抓好思想政治教育工作。当然，“课程思政”建设不局限于教学领域，其他领导和部门也与之关系密切，也应结合分工抓好领域内的思想政治教育工作，尤其是负责教师培养与发展的教师工作部或人事处，以及贯彻落实课程思政理念的宣传部等。

（三）骨干先行与全体跟进的关系

所有教师都负有育人职责，这是对“课程思政”建设必须覆盖全体教师的明确要求。但这并不仅仅是一个数量上的覆盖，也是质量上的要求，最终要落实和体现在思想政治教育的实效上，也就是学生通过所有课程的学习是否发生了积极的变化，是否与专业的人才培养目标一致，是否与党的教育方针一致，是否与实现中华民族伟大复兴中国梦的战略目标一致。2017 年 12 月，中共教育部党组印发了《高校思想政治工作质量提升工程实施纲要》，提出了一体化建构内容完善、标准健全、保障有力、成效显著的思想政治工作质量体系，形成全员、全程、全方位育人的格局，真正将思想政治教育融入教育、管理和服务中去。

当然，要在短期内实现全覆盖的要求是有困难的，部分教师的育德意识和育德能力与“课程思政”建设的要求还不匹配，需要不断提高，不可能一蹴而就。因此，落实课程思政协同创新的全体教师覆盖，不是简单的“一刀切”，在专业教师还不能很好理解课程思政协同创新的目标、要求时，一哄而上只会适得其反。对于大部分教师来说，要有人指导，要慢慢探索。因此最可行的办法就是让骨干教师尤其是其中的党员教师先试先行，摸索出一定的经验和成效，再通过辐射、复制、推广等方法进行由点及面的覆盖。试点不是课程思政协同创新的简单化，而是能更扎实、更顺利推进工作。当试点课程成效明显了，一定会引发教师的经验总结和思考，也能促进教师间的交流和探索，从而带动更多教师主动推进，使课程思政协同创新可持续发展。

（四）课程教师与辅导员的协作关系

首先，专业课程教师与辅导员协同育人。现实中，高职院校以专业化分工为原则，学校设置了不同职能部门，专业课程教师归属教务处，主要负责学生的专业人才培养；辅导员归属学生处，主要负责学生第二课堂的思想政治教育。学校内形成了“科研学术”和“学生工作”两大板块的分割，思想政治工作通常被划分为学生工作，成为有别于学术事务的内容，除党组织、学工部外，其他部门不愿参与。但实际上，这个难题并不是无法解决。从顶层设计上，在党委对思想政治工作负主体责任的前提下，所有部门以立德树人为根本任务，重视思想政治工作，行政、教学、科研、后勤等各部门明确协同育人意识，实现顺畅传达党委领导意见，真正贯彻落实相关政策。在落实到二级学院层面上，基层党委应利用专业课教师与辅导员有职业空间近这个优势，创造机会、平台促进专业课教师和辅导员的协同。在协同过程中，专业课教师应将立德树人工作摆在首要位置，积极参与思想政治教育工作；

辅导员也应尽可能走近学生专业学习生活中，双方要加强联系，就学生的问题可开展定期讨论和交流，实现全员育人。近年来，许多高职院校推出了“班导师”的工作机制，一定程度上促进了专业课教师同辅导员的融合，但这个面是非常狭窄的，无法实现全覆盖式融合。

其次，思想政治理论课教师与辅导员协同育人。思想政治理论课教师与辅导员是学生思想政治教育的骨干和主体力量，双方理应实现一、二课堂的相互配合。但是现实情况是，思想政治理论课教师往往是思想政治理论课教学部的专业教师，辅导员分布在各个学院中，双方在育人系统中有相互靠近的优势，但在职业空间上隔离比较严重。因此，要实现思想政治理论课教师和辅导员协同育人，必须发挥优势，打破藩篱，共创一条协同、双赢的路径。一方面，积极拓展双方的交流渠道，在条件成熟的情况下，辅导员参与到思想政治理论课的备课中，参加思想政治理论课的教学讨论中，同时也能提高思想政治理论水平；另一方面，思想政治理论课教师也可以与班级结对，参与到现实的思想政治教育活动中，在主题班会、社会实践等活动中提高学生的思想政治理论水平，避免出现与学生距离过远的问题。目前，部分高职院校探索的思想政治理论课“大班教学，小班讨论”模式中，邀请辅导员参与小班讨论，与学生共同探讨热点问题，最后由思想政治理论课教师分析评论，实现了较好的融合。

再次，思想政治理论课教师与专业课程教师协同育人。思想政治理论课教师与专业课程教师既无职业空间的优势，又无育人系统的优势，想要实现二者的协同育人，不论在内容上还是形式上，难度都比较大。在这点上，值得借鉴的是中小学的课程德育建设，以社会主义核心价值观为主线，德育课程与各门科目万变不离其宗，相互打“配合战”，共同实现育人目标。但是中小学课程科目少、教材统一，为实现课程德育提供了很好的保障。对于课程思政来说，想要实现横向的协同，必须首先在教材上下功夫，所有的专业课程教材要以马克思主义理论为指导，建设中国特色社会主义教材体系。有了指向明确的教材，教师才有正确的方向。在此基础上，根据学校、课程、专业特色，更好地实现课程思政目标。

第三节　高职课程思政建设的主要方法

在进入了新的时代后，高职院校的育人工作出现了明显的变化，也面临着与以往截然不同的历史环境和时代背景，当代“00后”大学生的思想道德水平、思想活动特点等，与以往的大学生都有了显著的区别。在高职教育上，要遵循“与时俱进”的原则，从方法上进行主动创新，让高职院校的育人活动能够永葆生机，彰显出育人功能和自然价值。实践显示，人们要更好地认识、改造这个世界，就需要借助一定的实践活动，人们选择的各类实践方式，就是“方法”，方法需要借助具体的实体工具来完成，并且与人们的活动密切相关，如果脱离了具体的实践，那么方法也就丧失了应有的价值①。“课程思政”属于新型的思政教育理念，对于新时代大学生而言，其思政学习面临着新的拐点，不少大学生对“课程思政”的重视度不高，对于高职院校实施的思政教育接受度也不高。为了解决上述问题，在高职院校“课程思政”的建设上，需要将统筹与支撑、自察与培训统一起来。

一、统筹和支撑的统一

在具体的教育工作上，人们关注的重点应该是“培养什么人、怎样培养人、为谁培养人”，这属于教育改革面临的根本问题。“课程思政”的建设有助于高职教育改革的顺利开展，落实“课程思政”，能够为社会输送更多的优质人才，为中华民族伟大复兴提供支持。基于此，在“课程思政”的建设上，需要抓好党建工作，为国家提供优质的建设者与接班人。“课程思政”理念的提出正是为了解决“怎样培养人”的问题，这是一个新的概念，在此前，并没有成功的经验可以借鉴。“课程思政”的建设是党和国家在教育领域的统筹布局，因此，在高职院校“课程思政”的建设上，需要做到统筹与支撑之间的统一。

在统筹角度上，高职院校在“课程思政”的实施过程中，需要立足于高势位的建设，立足于国家对优质人才的需求，基于“民族复兴”的蓝图来明确“课程思政”的实施价值，让“课程思政”能够与国家的前途命运之间对接，避免在建设上出现政策失位、站位失误的问题②。高职院校在“课程思政”的建设上，要使其具备高度、深度和温度，对“课程思政”的建设进行统一界定。要认识到，“课程思政”并不是新的课程，而是一种全新的教育理念。“课程思政”的建设也不仅仅是为学生提供专业知识、能力培育上的教育，而是在教育活动中让学生具备正确的价值观，让他们知道怎样“成人”；“课程思政”更不是让专业课程沦为思政课程，而是为

① 张耀灿．现代思想政治教育学［M］．北京：人民出版社，2006：361.

② 娄淑华，马超．新时代课程思政建设的焦点目标、难点问题及着力方向［J］．新疆师范大学学报（哲学社会科学版），2021（5）：96-104.

专业课程的建设赋予新的内涵；“课程思政”也不是传统思政理论课程的延伸，而是与思政理论课程共同为高职院校构建“大思政”格局，从而为高职院校理清具体的教育方向。另外，还要明确高职院校“课程思政”的建设思路，引导各地的高职院校明确政策执行的一般性与特殊性，明确各个专业育人目标的差异，理清楚学生需求复杂性和教学规范性之间的关系，对国家政策进行深刻解读，明确其核心要点，了解具体的育人方向和育人目标，从而灵活、有计划地推行“课程思政”的建设工作。

从支撑角度上，需要从几个方面来入手：首先，提供与“课程思政”相关的组织支撑。“课程思政”的建设是一项复杂的工程，地方政府、教育部、高职院校都是重要的教育主体，需要肩负起“课程思政”的实施责任。在具体的建设上，要凸显出地方政府、教育部门的政策引导功能，从多个层面来进行督促、监管，构建出有效落实、上下联动、权责清晰的组织和领导体系。其次，要为高职院校“课程思政”的建设提供科研力量，由政府提供资金支持，设置专项基金，要求各地的高职院校积极响应国家的号召，为“课程思政”的建设提供课题经费支持，鼓励专业课教师立足于专业教学的实际情况、专业课程特征来开展“课程思政”的建设，挖掘出具有特色的思政教育资源，从而为专业教育提供资源支持。

总之，在“课程思政”的建设过程中，统筹可以发挥出引导作用，支撑则可以规范“课程思政”的建设，在具体的实践上，要沿着正确的方向前进，将各方的资源和力量汇聚起来，做到齐抓共管，让“课程思政”的实施能够稳步推进。

二、自察和培训相统一

在高职院校“课程思政”的建设上，专业课建设属于直接的建设者，将自察与培训结合起来，实现两者的统一，是建设“课程思政”的客观要求。在具体的建设过程中，专业课教师决定教学方法、教学内容和教学进程[①]。但是，在“课程思政”的建设中，一些专业课教师缺乏专业育人能力，在实践中，过于重视“教”而忽视“育”，为了在传授专业知识的同时为学生提供价值观教育，专业课教师要主动进行自我省察，提高教学能力，主动参与学校组织的各项培训，具备正确的“课程思政”实施意识。

（一）提升教学技能

我国的高职教育体系是采用赫尔巴特五段教学法，不管是在哪个学科

① 何洪兵．论高校思想政治理论课坚持主导性与主体性相统一［J］．学校党建与思想教育，2019（13）：35-38.

的教学中，其方法均是大同小异的，即教师先进行备课，再讲课，为学生布置作业，提供辅导，进行考评。教师要做好这项工作，需要提高自身的教学技能，具备常规的教学能力：

第一，进行策划和准备。在教学活动中，教学准备是一项关键环节，在准备环节，教师需要以课程标准作为依据，充分关注到课程的特点和学生的实际需求，根据各项情况来选择合适的表达方法，以为学生学习活动的开展提供保障。在整个教学活动中，备课是一个起始环节，也是关键环节，这决定着教师能不能讲好课，学生能不能上好课。为了提升“课程思政”的建设质量，教师需要明确自身的主导作用，提高自身的思政素质与专业素养，在这一方面，高职院校要为专业课教师提供必备的培训，以增强他们的备课能力。专业课教师自身要主动钻研课程教学目的，理清楚教材内容，明确具体的教学内容，分析课程和教材中的思政元素，找到专业课教学、价值观教育之间的结合点，明确具体的教育要求。另外，专业课教师还要掌握学生的学习方法，了解他们的身心特点，加强与学生的沟通，了解他们的兴趣爱好，关注学生思想动态的变化，根据学生的特点来选择合适的方法。

第二，高瞻远瞩，科学规划。在具体的专业课教学活动中，专业课教师还要协调好“课时”“单元”“教学进度”之间的关系。在每个学期的教学之前，专业课教师要对学生的情况做出全面分析，知道怎样正确地将价值观教育融入专业课教学中，明确出教材中各个单元的价值观内容，根据此，对教学内容、教学课时、应用方式等做出科学计划。以单元计划为例，在单元教学活动实施前，教师要对单元中的思政元素进行系统化的分析和考量，科学制订计划；在课时计划方面，教案要针对某个知识点来拟订的教学计划。在制订计划时，要遵循张弛有度的原则，做到计划明确。

第三，提升能力，精心施教。在高职院校的教学活动中，课堂教学是一个中心环节，在课堂中，也直接体现了师生的统一，因此，要提高教学质量，必须对课堂教学进行全面把控。专业课教师要明确在专业课教学中渗透价值观的具体目标，具体要做到：首先，以学生兴趣、教材内容、课程标准为切入点，把握好各门课程的价值观目标；其次，在价值观教育上达成共识，将具体的教育目标渗透到教学活动中。专业课教师要对专业课内容中的思政元素进行科学审视，让专业课教学、价值观教育能够同步进行，确保实施的价值观教育科学、有效，为学生解决他们关注的重点和难点问题；再次，教学内容要突出重点与难点，让知识的传授和价值观教育之间能够深度结合，保证教学活动的连贯性与整体性；最后，在教学活动中，要关注现实问题，将理论教学、实践教学结合。

在为学生提供价值观引导时，方法的选择也非常重要，具体来看，教师需要根据学生实际情况、教材内容来灵活选择教学方法，并且致力于让学生“乐学”“好学”，为学生提供灵活的教学支持。同时，基于时代的特点来选择各种现代化教学手段，“课程思政’的建设对于专业课教师的基本教学能力有了更高的要求，专业课教师要从日常用语、教学手段应用、板书设计、教学态度、教学应变力、课堂操控力方面来严格把控，设置好合理的教学程序。具体需要满足几个要求：一是要明确思政教育、专业课教育的具体融合方式，合理搭配两者的比例；二是要明确“课程思政”的教学思路，为学生提供科学的练习题目，在课前、课后的结合上来落实“课程思政”建设；三是要发挥出教师评价、学生自评、学生互评的作用，这是理想的反馈调节机制，能够提升“课程思政”的评价效果；四是要关注专业教学、价值观教育的融合过程，引导学生主动领悟、发现。在设置了明确的教学目标后，教师要为学生设置融洽的专业课课堂教学氛围，无论是能力的培养、知识的传授，还是价值观的教育，都要掌握好“度”，让学生能够有效地吸收、消化，找到适合学生的具体方法，让学生真正对价值观教育产生兴趣，具有信心。另外，专业课教师还要提高自身的人格魅力，具备坚实的文化底蕴，在日常学习、工作中不断修炼自我，形成适合自己的教学风格。

第四，重视反馈，加强反思。在专业课的教学中，课外作业有着重要的作用，教师借助于课外作业，能够帮助学生更好地理解所学知识、掌握相关内容，了解具体的技能和技巧，有创新思维能力。对于专业课教师，挖掘专业课教材中的思政元素，其目标不仅仅是要求学生做到“内化于心”，更重要的是让学生能够“外化于行”。因此，在理论知识教学完毕后，要为学生提供更多的学习空间，发挥出价值观目标的导向作用，鼓励学生参与各种性质的实践活动，及时地反馈心得，这也是实施“课程思政”的重要举措。

第五，强化拓展，落实辅导。在“课程思政”的落实过程中，课外辅导是一个有效的措施。所谓课外辅导，就是在课堂外时间为学生提供的各项辅导。“课程思政”实施是一个复杂的工作，因此，专业课教师既要发挥出课内教学渠道的作用，还要借助课外渠道来开展教育。在课外，专业课教师也要关注学生的实际诉求，及时发现他们在思想、行为上的苗头，利用各种教学方式来提高学生的主动性，提高学生的思想政治素质。

第六，强化考核，突出评价。针对学生学习情况的考察、教师教学质量的评定，都需要借助学业成绩考察来进行，通过学科成绩，能够对教学进程进行精准调控。在“课程思政”的实施过程中，需要将学生的思政素质作为一项重要评价内容，通过评价来提高学生的各项能力。在评价时，要基于实际情况，应用多样、灵活的方法；要突出全面性，也要突出重点，从而对学生的学习状态、思想情况做出可靠的评定。

（二）加强培训项目

针对专业课教师，培训是必不可少的工作，高职院校不仅要抓好对专业课教师专业教育能力的培养，还要增加“课程思政”培训内容，解决教师在“课程思政”理论、实践上存在的问题，通过集中化的培训，解决教师在“课程思政”建设中存在的各种问题，让“课程思政”能够顺利在专业课中实施。在各个地区的高职院校中，要重视对专业课教师的培养，提供科学的培训项目，转变他们的“课程思政”意识，让教师能够产生正确的思维定式，明确自身在教育方面需要肩负的职责，让传道授业、能力培育、知识传授之间紧密地结合起来，这样，就可以为学生提供思想上的坚定支持。另外，要让培训项目顺利实施，就需要发挥出思政理论课教师的主观能动性，在高职院校内部，要做好“课程思政”理论培训工作，不少高职院校“课程思政”的实施效果不理想，一个关键因素就是专业课教师缺乏思政理论能力，因此，高职院校要发挥思政理论课教师的作用，为专业课教师提供帮扶，提高他们的思政理论水平，让专业课教师能够坚守政治站位，明确教学目标指向，找到专业课教学、思政理论教学结合的前沿问题，为学生科学地提供价值观教育①。在培训方面，理论固然重要，实践培训也是必不可少的，“课程思政”的建设绝对不是闷起头来做学问，“课程思政”的实施有着很强的实践性，因此，对于专业课教师的培训，不仅要抓好理论培训，还要抓好实践培训，带领专业课教师走入实践中，让他们感受思政教育的魅力。例如，在寒暑假期间，可带领专业课教师来进入红色旅游基地、红色博物馆、革命根据地、档案馆等，此类实践基地的思政教育资源非常丰富，在参观、考察、调研的过程中，由思政理论课教师发挥自身优势，担任好专业课教师的讲解员，为他们讲述革命先辈的贡献，共同来挖掘老一辈革命先辈身上的政治信仰、价值取向以及家国情怀。在参与了实践后，专业课教师对各类内容有了深刻的认知，也为他们的教学提供了生动的案例，将此类案例带入专业课教学中，可大大提升

① 娄淑华，马超．新时代课程思政建设的焦点目标、难点问题及着力方向［J］．新疆师范大学学报（哲学社会科学版），2021（5）：96-104.

“课程思政”的实施效果。

在“课程思政”的实施过程中，专业课教师是核心所在，通过自察、培训之间的结合，能够解决专业课教师在育人方面的不足和缺陷。对于高职院校而言，在“课程思政”的建设上，就是为了更好地将知识传授、价值观引导结合起来，让知识驱动、价值驱动能够得到紧密的结合。“课程思政”实施目的的实现，是建立在专业课教师综合能力的基础上，他们的教育能力决定“课程思政”能否发挥出理想的作用。对此，专业课教师要提高自身的教育能力，主动参与与“课程思政”相关的培训，实现自察、培训之间的深入统一。

三、融合和联动相统一

在高职院校“课程思政”的建设方面，课堂教学是重要的主渠道，在“课程思政”的建设上，需要关注“课程结构”“课程体系”①。在进入了新的历史时期后，课堂教学的形式更加多元，也不再拘泥于传统意义上的教学模式，现代化的教学模式集网络课堂、理论教学、实践教学于一体，尽管三种教育模式各有优势，但是在实施“课程思政”的过程中，是具有共通点的，其本质就是为了更好地让专业课教育、思政教育结合，让专业课教师、专业教材、教案、教学内容的选择、教学方法的应用、教学载体、教学资源、教学语言之间能够充分地联动起来。基于此，融合与联动的统一，能够为学生明确知识传授与价值引领之间的关系。

在具体的元素融合上，专业课教学、思政课教学两者之间都有自己不同的优势，其中，专业课教学在课程性质上独树一帜，思政课教学则拥有完备的教学体系。在建设“课程思政”的过程中，如果忽视了专业教学的特殊性，生硬地在课程教学中植入思政元素，就会将两者割裂开来；如果在挖掘专业课内容中的思政元素，忽视了思政教育的系统性，那么就会让专业课中的价值观引领变得杂乱无章。在建设“课程思政”的过程中，必须发挥出思政教学的主导性，关注专业教学的特殊性，兼顾到专业课程、思政课程的具体要求，让两者能够无缝地结合起来。在高职院校的思政教育方面，要提高自身的教育站位，从“立德树人”角度出发，融入马克思主义中国化的最新理论成果，以此来为专业教育提供政治导向；在专业课程建设上，要以自身的特质作为坐标，将专业课内容与思政教育结合，构建合适的价值取向，挖掘教育活动中的育人资源，提高融入的广度和深度，

① 杨晓慧．以“大思政”理念创新思政育人格局［J］．思想教育研究，2020（9）：6-8.

明确“课程思政”改革的关键，从而促进专业教育、思政教育的深度结合①。

从具体的要素联动来看，高职院校的专业课程有着更为广泛的范围，涉及各门课程，每门课程的负责教师、教学内容、教案、教材、教学方法、话语体系、教学资源、教育载体都是不同的，与其他课程之间也有明显的差异②。因此，在高职院校“课程思政”的建设上，需要具备“系统与联动”的意识，彰显出各个课程在专业教学上的突出优势，切实发挥出专业课教学的作用。同时，要做好思政课教师队伍的建设，选择教学方法，合理利用话语体系，促进教学资源的共享，在各个方面实现优势互补。在“课程思政”的建设目标上，要坚持正确的价值导向，促进教育系统、教学要素之间的重组和联动，让教学元素能够顺利转化为“课程思政”的教育优势。

正如习近平总书记所说的，要想做好思想政治工作，应该使其像盐一样，要“将盐溶解到各种食物中自然而然吸收”③。大学生是拥有独立人格的个体，他们有着主观能动性，在“课程思政”的建设中，部分大学生之所以对思政教育“不买单”，就是因为教师对教育方法选择不当，不能激起学生的兴趣。因此，需要从融入与联动统一的方法上着手，让思政教育内容如同“盐”一样来融入专业课程中，如同“血液”一样可以融入“骨髓”，从而提升教育效果。

第四节　高职课程思政建设的重要路径

“课程思政”本质上是个教育学问题，是一项长期性、系统性工程，并非简单地在专业课中讲思政的内容，冲击正常课堂；并非简单的一场运动、一阵风，而是在知识传递、能力培养的过程中实现观念塑造，要求最大限度地发挥专业课程的育人功能，尽可能激发专业课教师的育人职责。基于此，责任主体、实施主体、专业课程等是我国高职院校“课程思政”需要强化建设的三个方面。

---

① 蒲清平，何晓玲．高校课程思政改革的趋势、堵点、痛点、难点与应对策略［J］．新疆师范大学学报（哲学社会科学版），2021（5）：105-114.

② 娄淑华，马超．新时代课程思政建设的焦点目标、难点问题及着力方向［J］．新疆师范大学学报（哲学社会科学版），2021（5）：96-104.

③ 习近平．把思想政治工作贯穿教育教学全过程　开创我国高等教育事业发展新局面［N］．人民日报，2016-12-9（01）.

一、建立协同创新机制

第一，坚持校党委的全面领导。习近平总书记指出："高校党委对学校工作实行全面领导，承担管党治党、办学治校主体责任，把方向、管大局、作决策、保落实。"① 在我国高职院校"课程思政"建设中，党委处于责任主体的位置，所以，要积极落实立德树人的根本任务，课程思政育人工作实施主体不再仅仅是思想政治理论课程，育人工作不再由思想政治理论课程独自完成，全课程全员全过程全方位贯穿于高职院校的育人工作。高职院校"课程思政"建设需要始终坚持校党委的领导，不能偏离航线。因此，高职院校党委"要认真学习习近平总书记关于高等学校思想政治工作的论述，认真研讨和落实国家教育部门的相关文件和要求，结合学校自身情况，出台系列性政策，为开展课程思政提供支持"②。

第二，宣传部发挥宣传作用。高等院校宣传部与党委的工作方向具有高度一致性，二者都必须及时贯彻落实党中央的各项方针决策。高职院校宣传部的工作重心是意识形态工作。高职院校大学生思想政治工作的有效开展离不开校党委和宣传部，贯彻落实党中央的大政方针也离不开校党委和宣传部。只有依托校党委的高度重视，借助宣传部的意识引领，高职院校"课程思政"建设才能有效推进。

对于宣传部而言，需要积极配合学校的"课程思政"建设工作，尤其是绝大部分教师对"课程思政"存在一定程度的误解，认为这就是一场运动、一阵风，或者是穷折腾，认为专业课也要讲思政的内容，会对正常课堂带去冲击等，因此，宣传部需要加大对"课程思政"理念的宣传力度，让"课程思政"教育改革理念深入人心。宣传部需充分发挥意识的作用，让广大师生认识到"课程思政"的本质是个教育学问题，其目标是在知识传授、能力培养过程中实现观念塑造，促进全校师生正确认识"课程思政"的重要作用，树立"课程思政"意识，根据自身的课程定位、专业定位等，积极参与到学校的"课程思政"建设工作中去。对于专业课教师而言，宣传部积极宣传"课程思政"教育理念和"课程思政"的典型案例，教师通过在学校各大平台中对"课程思政"教育理念的耳濡目染，一是深刻意识到目前无论是中央文件还是学者的系列研究，对"课程思政"的重视都是前所未有的；二是意识到高职院校需要将党中央的要求严格落实到学校的各项工作中，落实立德树人的根本任务，为社会主义培养建设者和

---

① 中共中央宣传部．习近平谈治国理政（第二卷）［M］．北京：外文出版社，2017：379.

② 刘建军．课程思政：内涵、特点与路径［J］．教育研究，2020（9）：28-33.

接班人；三是意识到自身需要将国家对职业教育的要求落实到实际行动上，专业课教师作为“课程思政”建设的实施主体，需要主动提高“课程思政”教学能力，自觉参与“课程思政”教育教学改革，在教学实践中落地落实“课程思政”教育理念。对于大学生而言，宣传部在推进“课程思政”建设的过程中，主要基于文化建设和舆论引导等两个方面：首先是要消除大学生对“课程思政”的错误认知，让学生从内心认同并接受专业课教师在知识传授和能力培养的过程中塑造价值观这一教育理念。比如学法律的人如果不学职业伦理和职业道德，可能就会利用法律做出有损于别人的事情；学化学的人如果观念不正，可能就会做出毒品等等。学生只有在接受教师知识传授和能力培养的同时，树立科学的价值观，才能真正成为一名德智体美劳全面发展的学生，只有在自身的成长中兼顾“德”与“智”，才是对国家、社会的有用之才。因此，基于在意识引领方面的特殊作用和地位，宣传部在媒体宣传中常态化地渗透思想引导、文化建设、舆论引导等内容，助力高职院校全体师生形成正确的“课程思政”理念，是推进学校“课程思政”建设的有效路径之一。

第三，高等院校教务处和科研处将“课程思政”教育理念落到实处。校党委、宣传部引领着高职院校“课程思政”建设的方向，有了正确的方向，还需要具体的落地和执行，这就需要充分发挥教务处在教学管理中的“喉舌”作用。教务处通过课程思政示范项目、课程思政典型案例、课程思政教研教改项目、课程思政教学能力比赛、优秀课程标准、精品在线课程、优秀教材、金课等一系列校级重点项目，推进“课程思政”建设的落地落实。同时，要求二级学院的每个教研室在每个学期必须召开2～3次与“课程思政”主题相关的教研活动，比如课程思政公开示范课、集体备课、教学研讨等形式，教研活动参与者的覆盖面尽可能广泛，不局限于专业课教师，还可加入辅导员、思政理论课教师。

开设课程思政专项校级课题是高职院校科研处落实“课程思政”教育理念的具体措施，高职院校科研处应明确责任，加强课程思政专项校级课题的过程性管理，指导教师分门别类地对一些个性和共性问题进行深入研究。在“课程思政”的具体实施过程中，肯定会遇到很多实际问题，这就需要课题来帮助解决这些问题，并且这些解决问题的方法和步骤需要具有较强的可操作性，与“课程思政”在实施过程中遇到实际问题紧密结合。不同学科、不同学院、不同教研室及不同专业教师的研究方向切不可过度雷同，需紧密结合自身的课程背景切人，紧密结合自身课程的知识点、技能点等特点进行研究，助力学校“课程思政”教育教学改革。

课程思政专项校级课题的有效开展需要借助教学科研团队。专业课教师如果缺乏全局意识，仅凭自身的喜好盲目选择课程思政专项校级课题的研究方向，这样就没有形成团队的合力，会导致研究效果不尽如人意。专业课教师应该以专业的整体布局和特点为基点，结合专业的特色、课程在专业中的地位和课程团队的实际情况，选定课程思政专项校级课题的研究方向。“思想政治理论课教学部拥有坚定政治信仰、专业化的教学团队、丰富的思想政治理论和实践教学资源。”因此，各二级学院和各专业课教师在课程思政专项课题的研究过程中，如果遇到了困难，产生了疑惑，可以及时求助思想政治理论课教学部，与思想政治理论课教学部的各教研室形成合力，并在其引导下共同解决问题。具体而言，有关“课程思政”的内涵、特征、与专业结合的方式方法等方面的内容可以由思想政治理论课教学部的各教研室负责提供；结合专业和课程实践层面，有关“课程思政”教育教学改革实践中存在的主要问题、主要困惑则主要由各二级学院的各教研室负责提供。由思想政治理论课教学部和各二级学院构成的团队协作方式，能够将学校各类优质教学资源进行整合，推动高职院校的“课程思政”教育教学改革向纵深发展。

在我国高职院校，通过课程思政专项课题这一任务载体，将各二级学院教研室与思想政治理论教学部各教研室进行了有机的结合，能够极大地促进教师们的共同提升和发展，因为思想政治理论课需要结合专业来立德，专业课需要结合思政来树人。对于高职院校而言，通过开展课程思政专项课题，能够在理论层面和实践层面为学校的“课程思政”教育教学改革提供双向指导，因为课题研究的问题来源于“课程思政”教育教学改革实践，课题的研究成果又反哺“课程思政”教育教学改革，使其更有效地开展，从而形成螺旋递增的发展曲线。对于教师而言，通过对课程思政专项课题的深入研究，可以更加深入认识到“课程思政”教育教学改革的必要性与紧迫性，可以提升专业课教师参与“课程思政”教育教学改革的自觉性和积极性，在发现问题和解决问题的过程中，学生的成长与改变会给教师带去非常多的正反馈，从而可以大大提升教师的职业获得感、成就感，使专业课教师参与“课程思政”建设的兴趣更加浓厚，不自觉中加入了学校的育人行列，不自觉中落实了立德树人的根本任务。此外，高职院校通过课程思政专项课题的开展，能够进一步推进科研建设，为教师提供了一个学术交流、研讨、合作的平台，营造了非常浓厚的学术氛围。因此，高职院校教务处和科研处均要从不同角度积极发挥自身的职责，积极参与到学校“课程思政”教育教学改革的浪潮中。

二、引导教师的价值观

教师是学校人才培养的“主力军”，课程、课堂、教学是学校人才培养的主要载体，这就意味着所有教师、所有课程、所有课堂、所有教学都要承担起育人的责任。教师需要提高自身的道德素质和政治修养，深刻认识到课程思政建设的重要性；需要提高自己的教学能力，在各类课程的教学中有机融入思想政治教育，而不是狭隘地认为立德树人仅仅是思想政治理论课教师的事。尤其是在当前社会高速转型发展的信息时代，学生更容易受到网络上、社会上多元价值观、各类非主流舆论的影响和冲击，会在价值判断、政治觉悟等方面存在问题，甚至导致部分学生质疑中国特色社会主义的理论、制度和道路，这就对高职教师提出了更大挑战。但是，部分专业课教师自身道德修养不足，课程思政育人育德理念缺失，因而“课程思政”教育教学改革的开展成效难以尽如人意。所以，加强自身的道德修养建设应该是所有专业课教师始终践行的人生准则，无论何时何地，都要以“立德为先”的价值观来严格要求自己。价值观无论是对于个人生活，还是对社会进步、人类发展都具有不可替代的、非常深刻的意义。失去了价值观的指引，人民就没有信仰，民族就缺失希望，国家就失去力量，就会出现空心化。无论个体是否意识或察觉到，价值观一直都根深蒂固地存在人们的观念和思想中，在不知不觉中左右着每一个人的思想观念，影响着每一个人的行动，决定着每一个人的命运，正如撒切尔夫人所言：“注意你的想法，因为它能决定你的言辞和行动。注意你的言辞和行动，因为它能主导你的行为。注意你的行为，因为它能变成你的习惯。注意你的习惯，因为它能塑造你的性格。注意你的性格，因为它能决定你的命运。”。每个个体的行为方式、对待一些事物的看法和评价，都能反映出其价值观。从某种意义上来说，自身的价值观决定了个体的生活方式、行为准则、价值判断等。

对于高职院校的专业课教师而言，其价值观影响其对“课程思政”理念的理解，对于其课堂教学态度与行为都具有决定性作用，对于其是否能在教育行业立足、生存和可持续性发展具有重要作用。因此，高职院校的每一位专业课教师都应该树立“立德为先”的价值观，并始终将“立德为先”作为个体的内在追求、精神动力。

当前，中国正处于中国特色社会主义建设的新时代，高职院校教师肩负着为国家培养社会主义建设者与接班人的重任。时代在发展，社会在变革，世界格局在不断变化，西方敌对势力对我国意识形态安全不断冲击和挑战，面对着实现“两个一百年”奋斗目标的客观需要，国家、社会要求高职院校始终坚持立德树人的根本任务，为国家培养一代又一代能满足新时代发展需求、坚守社会主义方向的合格人才。我国高职院校“课程思政”建设的根本目的是落实立德树人的根本任务，改变长期以来仅仅依托思想政治理论课进行价值观引领的局面，也就是将一切可以调动的力量都调动起来参与高职院校的立德树人工作，提升人才培养质量和育人成效。教师是“课程思政”教育教学改革的实施主体，教师尤其是专业课教师是否具有科学的价值观，直接决定了“课程思政”建设能否有效开展，也直接关系到人才的培养质量。这就要求每一位教师以“立德为先”的价值观作为自身的终身信仰与追求，同时高职院校一定要在加强师资队伍建设这一环节花大力气，引导教师形成科学的价值观，这也是长期以来教育教学实践得出的结论。

因此，优秀的人才是国家实现“两个一百年”奋斗目标的重要保证，“人才需要教育，教育需要教师，教师需要修养。”① “立德为先”的价值观是“课程思政”对教师提出的要求。

追求“立德为先”的价值观是高等院校教师职业劳动的需要。从古到今，教师的神圣职责和使命就是教书育人，也就是说教师劳动是一种特殊的劳动，因为教师的劳动对象是人，教师的劳动产物是合格的人才，教师的劳动形式是通过知识传授、能力培养和价值观引领对人进行培养和塑造，因此，品德、才能、个性等对于教师来说非常重要，只有这样才能感染和影响学生。从某种意义上来说，道德品质可以作为衡量教师教育效果的重要标尺。大学生的世界观、人生观、价值观尚未完成定型，人格尚处于塑造阶段，其心灵的塑造、品德的形成受到高职院校教师道德修养的直接影响，而且影响的深度会非常深远，甚至影响到他们未来踏入社会以后的工作态度、生活态度、工作方式等。在长期的教育教学过程中，由于部分专业课教师不注重自身道德修养的塑造，从而导致学生从思想政治理论课获得的信息与专业课教师传递的信息不匹配，以致学生对是否应该“立德”产生了怀疑。所以，专业课教师要明确到德行对于大学教育的重要价值，自觉追求“立德为先”的价值观。

追求“立德为先”的价值观是高等院校教师自我完善的需要。人们从事任何一项职业活动都包含两个维度的目的，一是为人民服务，二是促进自身的完善。一个人良好道德品质的形成不只受学校、社会和家庭的影响，还要依靠职业活动的塑造。高等院校教师亦是如此。他们良好道德品

---

① 赵光敏，蒋笃运．教师道德［M］．开封：河南大学出版社，1989：215.

质的形成离不开在教育教学实践中的自我学习、锻炼和升华。实践证明，高等院校教师只有树立“立德为先”的价值观，才能在职业实践活动中积极进取，有所建树，真正履行教书育人的神圣职责。与其他教师相比，高等院校教师具有自身的特殊性，他们是否具备高尚的师德直接关系到高等院校立德树人的成效。由于某些原因，部分专业课教师没有意识到“立德为先”的重要性，教育思想出现了偏差，只一味地追求对学生知识和技能的培养，而不注重对学生进行德行教育，大大影响了“课程思政”的实施效果。毋庸置疑的是，“课程思政”为专业课教师追求“立德为先”的价值观提供了新理念，如果专业课教师能够意识到这一点，不仅能够促进自身的自我完善，而且能够推动“课程思政”沿着良好的方向发展。

《资治通鉴》有言：“才者，德之资也；德者，才之帅也。”这句话对德与才二者之间的关系进行了精辟的阐述，主张将“人的道德置于才华的统帅位置。”① 从古至今，中华民族始终重视道德对个人乃至人类社会发展的重要作用，所以，道德一直在个体的所有素质中居于首要位置。作为独特的个体，专业课教师要想为“课程思政”建设贡献一己之力，就一定要树立“立德为先”的价值观，将是否具有德行当作评判自身是否是一名合格教师的根本。每个个体若要在社会中生存，都离不开德行的支撑。追求“立德为先”的价值观是专业课教师作为高等院校教师的应有之义。“课程思政”建设的本质在于将价值观教育寓于知识传授和能力培养之中，专业课教师不仅要引导学生学习科学文化知识，为学生提供理论上的指导，更要从思想上引领学生，引导他们在奉献祖国的进程中成为一名合格的社会主义事业建设者和接班人。促进学生的全面发展是每位高等院校教师的责任所在。学生“全面发展”的内涵是十分丰富的，并不局限于其技能和特征的完善，而是要达到诸多素质内在和谐共生的状态，这种和谐共生的状态是由道德主导的，是全面且不偏重、和谐且相互提升的状态。在以往的教育教学过程中，部分专业课教师存在一种误区，即教会学生专业知识和技能就可以了，其他事情与自身无关。但是，“课程思政”要求专业课教师在做好“授业、解惑”的同时，还要进行“传道”，“传道”是第一位的，传道者自身需要明道，专业课教师对学生德行的影响并不是通过一些刻意的教学形式来实现的，更多的是通过自身的言行举止对学生产生潜移默化的影响。所以，出于扭转部分专业课教师重“才”不重“德”的局

① 陈吉鄂. 思想政治理论课教师践行“四个统一”师德观研究［D］. 长春：吉林大学，2018：35.

面，专业课教师必须追求“立德为先”的价值观，立志成为一名具有良好德行的教师。

三、课程凸显价值取向

专业课程是高等院校“课程思政”建设的载体，育人功能是各门各类课程的固有功能，课程本身还具有重要价值。一般认为，课程价值问题滥觞于斯宾塞关于“什么知识最有价值”的探讨。进入20世纪，阿普尔提出了“谁的知识最有价值”的新论断，这一论断对“什么知识最有价值”辩题进行了超越，使课程抉择突破了课程自身属性的限制，不再拘泥于价值客体，由价值客体转向了价值主体，即课程“对谁有价值”，在此基础上形成了“个体本位”与“社会本位”等两种价值维度。“个体本位”认为，课程价值具有“‘知’与‘行’、‘德’与‘才’、‘知识’与‘信念’、‘知识’与‘能力’”[①] 的差异；“社会本位”将课程价值的外延拓宽到国家的政治、经济、文化等领域，认为课程价值应包括政治认同、经济增长、文化传承和民族振兴等方面。

个人价值与社会价值相统一是“课程思政”的价值取向，在个人价值维度上，“课程思政”十分注重对大学生主体意识的培养，但是，这种主体意识是有条件的，不是任意妄为的。“课程思政”为大学生实现知行转化创造了条件，即教育大学生运用科学的价值观分析、解决学习和工作生活中遇到的困难和挑战，久而久之，引导他们将其看作日常生活不可缺少的一部分；“课程思政”为大学生形成德才兼备的个体提供了可能，即将德置于重要位置，引导大学生在正确的轨道上施展自身的才，德与才是相辅相成的，有才无德、有德无才都是不可取的。在社会价值维度上，“课程思政”以提升大学生的政治认同度和文化认同感为重要目标。也就是说，“课程思政”不仅对大学生成长成才具有重要意义，而且还要引导大学生形成为人类幸福而奋斗的思想，进行符合社会主流价值观的行为，继承和弘扬优秀传统文化，使其为民族振兴贡献青春力量。个人价值与社会价值相统一切切实实地落实了立德树人的本质内涵，一方面推动了我国立德修身教育传统的传承和弘扬，另一方面推动了社会主义核心观对国家、社会、个人的整合。

在“课程思政”改革提出以前，高等院校专业课程在个人价值与社会价值教育中普遍存在一种错误倾向，即只是让学生知道了什么、了解了什

---

① 伍醒，顾建民．“课程思政”理念的历史逻辑、制度诉求与行动路向［J］．大学教育科学，2019（3）：54-60.

么，而没有注重学生懂得了什么、体会了什么，融入社会的理念和能力有所欠缺。所以，在“课程思政”建设的实施过程中，不免存在一些大学生对知识传授与价值引领同频共振“不买单”的现象，因此，专业课程应秉持个人价值与社会价值相统一的价值取向，为大学生形成科学价值观筑牢阵地。同时，思想政治理论课与“课程思政”具有价值一致性。专业课程对新时代大学生进行个人价值与社会价值教育的实践不长、经验不足，在实际教学过程中会存在一些瓶颈。因此，“思政课程”也要发挥自身的优势，为“课程思政”建设提供一定的指导，同向发力。

第八章　高职课程思政建设的实践探索

“课程思政”是应时代而生的新事物，体现了立德树人的根本要求，赋予了专业课程价值引领的重任，是一项系统工程。当前，复杂多变的外界环境给学生带来了多样化的思想舆论和价值观冲击，需要教师将思政理念恰当地融入教学中，形成学科知识与思想政治教育内容有机结合，在传授知识的同时做好学生思想引领和价值观塑造工作。然而，对于高职院校而言，没有很多的经验可以借鉴模仿，需要在实践中不断完善和提升，时刻关注学生的情感反应，创新教学方法，让课堂气氛活跃并有温度，不断推进“课程思政”的全面建设与持续发展。

第一节　高职院校课程思政建设实施方案

为深入贯彻全国职业教育大会精神，落实《国家职业教育改革实施方案的通知》（国发〔2019〕4 号）、《关于加快构建高校思想政治工作体系的意见》（教思政〔2020〕1 号）、《高等学校课程思政建设指导纲要》（教高〔2020〕3 号）、《职业教育提质培优行动计划（2020—2023 年）》（教职成〔2020〕7 号）等文件要求，某高职院校制订实施方案，扎实推进课程思政建设。

一、指导思想

以习近平新时代中国特色社会主义思想为指导，全面贯彻党的教育方针，切实落实立德树人的根本任务，紧紧抓住教师队伍“主力军”、课程建设“主战场”、课堂教学“主渠道”，坚持价值塑造、知识传授和能力培养三位一体，坚持显性教育与隐性教育相统一，健全课程思政体系，提高教师育人能力，使各类课程与思政课程同向同行，着力培养德智体美劳全面发展的社会主义建设者和接班人。

二、主要目标

落实立德树人的根本任务，围绕构建高水平人才培养体系，学校、院部、教研室、教师“四层并进”，协同推进课程思政建设的体制机制更加完善，建立全面覆盖、类型丰富、层次递进、相互支撑的课程思政内容体系、教学体系、培养体系、研究体系和评价体系，全面形成“课课有思政”“人人能思政”“处处讲思政”的良好氛围。

三年内，开展课程思政教学改革研究项目约10项，培育课程思政教学名师约30名和课程思政教学团队约10个，遴选建设10个左右课程思政育人基地，认定课程思政示范课不少于100门，评选课程思政优秀教学案例不少于100个，物化一批课程思政教学研究成果，全面推进全校课程思政建设。

三、主要任务

（一）提升教师课程思政育人能力

通过多种方式，引导教师逐渐转变传统的教育观念，因为过去很长一段时间里，专业课教师往往仅聚焦于知识传授和能力培养目标的达成度，而将最重要的价值引领目标给忽视了。需要引导广大教师树立“课程思政”理念，在知识传授和能力培养目标的基础上，还要以思想引领和价值观塑造为目标，引导广大教师不仅要做“教书”的“经师”，更要做“育人”的“人师”。要充分运用教学研讨、教学竞赛、示范教学、传帮带等手段，开展课程思政教学能力培养。有关部门、各教学单位要充分运用入职培训、专题培训、专业研讨、公开示范课、集体备课、教学能力比赛等手段，推进课程思政教学改革的落地落实，让广大教师能够利用线上线下课堂教学、教学互动、实验实训、作业测验、课程考试和教学评价各环节，把知识传授、能力培养、思想引领融入每一门课程的教学全过程。

（二）深入挖掘课程思政元素

按照知识传授、能力培养、价值导向相统一的理念，各门课程都要深入挖掘本课程的思政元素和融入点。在课程中进一步强化习近平新时代中国特色社会主义思想、社会主义核心价值观、中华优秀传统文化、法制教育、职业伦理等思政元素教育，提升学生文化自信、科学精神及家国情怀。把对学生的价值引领落实到课程标准修订、课程目标设计、在线课程资源建设、教材编审选用、教案课件编写、教学活动设计等方面，传播正确的价值观和积极向上的正能量，培养学生的科学精神、工匠精神和创新精神，引导学生自觉弘扬和践行社会主义核心价值观。

（三）建设课程思政特色课程

根据学校办学定位和专业优势，组织名师、教授、教学骨干、科研骨干，有计划、有步骤、分批次、分层次开发系列特色课程。在公共基础课程方面，重点建设一批提高学生思想道德修养、思辨精神、人文素质、科学精神、宪法法治意识、公民道德、国家安全意识和认知能力的课程；在专业教育课程方面，对接时政要点、时事热点、国家和社会发展、专业、行业的发展趋势、行业热点、学校的专业特色、行业新技术、新业态、新工艺，将专业知识和技能体系中所蕴含的思想价值和精神内涵进行深度挖掘提炼，对专业课程内容进行纵深拓展，增强课程的高阶性、前沿性、人文性、时代性和创新性；在实践类课程方面，注重传承工匠精神，教育和引导学生了解国家和社会发展现状，让学生在各种实践活动和艰苦奋斗中增长智慧才干、锤炼意志品质。

（四）创新教学方法和手段

经常性开展课程思政专题研讨、交流培训、教学竞赛等活动，探索切实有效的课程思政教学方法与模式，在课程教学中，注重知识与技能、过程与方法、情感态度与价值观的统一，突出学生的主体地位、教师的主导作用，加强学生实践能力、创新能力、道德情操等关键目标培养，广泛应用启发式、讨论式、翻转课堂等教学方式，提升学生思辨能力和创新意识，不断推动课堂教学改革，保证课程思政教育易开展、接地气、有成效。

（五）构建课程评价体系

课程评价体系需要在课程标准、教案、课件、在线课程等教学资源中，对“知识传授、能力提升和价值引领”进行同步评价。其中对“价值引领”的评价一直是教学难点。课程思政教育教学改革目标的最终落脚点是“情感态度价值观”的培养，“情感态度价值观”的变化是一个长时间积累的过程，也就是教育常说的“内化于心、外化于行”，这就需要借助科学的手段去评价“情感态度价值观”的变化，因为传统评价的变化是可评可测的，而态度价值观的形成是一个长期的过程。同时，对于不同的学科、课程来说，评价指标也是不一样的，比如职业素养对于不同的专业来说，存在很大出入。因此，需要不同专业、不同类型的课程构建分类指导、辐射示范的课程思政评价体系；需要借助可信有效、便于操作的课程思政评价工具；需要构建多元化、科学化的课程思政评价思路。

四、具体举措

学校根据课程思政建设目标，坚持顶层设计、改革创新、分类建设、突出实效的原则，全面推进课程思政工作。

（一）实施课程思政教学改革研究计划

学校成立“课程思政研究中心”，依托二级学院建立2~3个“课程思政研究（分）中心”，组建由思政教师、专业教师等参与的研究团队，完成课程思政教学改革研究项目不少于10项，着力解决共性和特别问题，探寻独具湖湘特色、专业特色的课程思政元素、资源建设路径。

（二）实施课程思政示范课程建设计划

学校根据实际情况，组织开展“课程思政示范课”评选。在未来三年内，每年立项一批“课程思政示范课”，给予一定的经费支持，建成“四融入”（融入课程标准、融入教材资源、融入课堂、融入评价体系）和“两结合”（显性教学与隐性教学相结合、理论教学与实践教学相结合）的课程思政示范课程100门。

（三）实施课程思政优秀教师和团队遴选计划

通过学生评选、同事评价、专家评议等方式，建设期内，从课程思政示范课程主讲教师中遴选30名授予“课程思政教学名师”称号。各教学单位积极培育“课程思政教学团队”不少于3个，并择优推荐参评“校级课程思政教学团队”。学校将根据各教学单位课程思政教学团队培育成效，遴选认定10个左右“校级课程思政教学团队”。

（四）实施课程思政实践育人基地建设计划

按照专业特点和课程属性，以楚怡精神、工匠精神教育为主题，以提升学生的创新精神、创业能力和社会责任感为核心，积极开展现场教学，将实践纳入教学总体安排和课程管理，通过实践教学，将基地建设成促进文化传承创新、加强社会主义核心价值观教育的阵地，遴选建设10个左右课程思政育人基地，发挥基地的实践育人作用。

（五）实施课程思政教学竞赛和案例评选计划

为了加强教师之间的交流，发掘优秀的课程思政教师和课程，定期举办课程思政教学设计大赛等竞赛活动。推动“课程思政”优秀典型评选和课程思政公开课系列展示，进一步加大选树课程思政优秀典型的力度，评选课程思政优秀教学案例不少于100个，加强课程思政优秀课程的展示和观摩，总结推广成功经验，发挥示范辐射作用，并在此基础上为广大教师课程思政建设搭建良好的互动交流平台。

五、保障措施

（一）加强组织领导

成立课程思政工作领导小组，其中，组长由校党委书记和校长担任，副组长由其他校领导担任，成员由有关部门和二级学院负责人组成。健全工作机构，全面统筹推进全校思政教育教学改革工作。加强课程思政相关制度的设计与完善，把思想政治工作制度建设作为学校治理体系现代化的重要政策基点，把全员育人理念纳入学校事业发展的规划和发展战略之中，强化顶层设计，重点研究制定《课程思政元素挖掘指南》。

（二）加强协同联动

建立各部门、学院各负其责、互相协同配合的课程思政教育教学改革工作机制，构建各专业之间、任课教师之间，以及与辅导员、思政理论课教师之间的交流沟通与左右联动机制，组织教师开展课程思政方面的经验交流、理论研究，落实专项经费组织定期开展调研、学习和专项研讨，研究提出具体政策和措施，确保课程思政教育教学改革落到实处。

（三）逐步完善课程思政建设的保障机制

健全课程思政协同机制，构建“育人共同体”。学校需要将课程思政的工作目标、课程思政育人成效考核分别纳入思政课部、教学管理和学生工作部门，三方形成合力，同谋划共发展，实现专业课教师、思政理论课教师、辅导员定期交流，协同备课。完善课程思政评价机制，保障“改革科学性”。构建量化评价与质性评价相结合、过程评价与结果评价相结合的课程思政评价体系，注重评价主体的多元化和评价策略的信息化，评价主体需包括学校课程思政主管部门、教师、学生和用人单位，评价策略需与时俱进，可以借助心理测量表对学生进行测试，借助大数据技术采集学生在学习平台、社交平台等在线平台的日常行为数据，依据信息技术科学有效评价学生的成长。健全课程思政激励机制，激发“改革内驱力”。遴选和打造一批课程思政教师的示范典型，评选校内课程思政优秀教师，并在校内外媒体上公开报道，增强课程思政教师的职业获得感、价值感和荣誉感；开展一系列课程思政校级项目，并给予一定的资金支持，同时优先对接相应的省级项目，并纳入职称评定、职务晋升、年度考核和绩效核算等，具体包括课程思政示范课程、课程思政典型案例、课堂革命案例、课程思政专项教改项目、课程思政名师工作室、课程思政比赛、金课等。

（四）完善激励机制

学校设立课程思政建设专项经费，为课程思政建设工作的可持续开展提供保障。将课程思政工作纳入学校教学改革项目，通过课程思政示范项目、课程思政典型案例、课程思政教学能力比赛等项目形式，对课程思政建设团队提供资金上的资助，确保各项课程思政建设项目顺利实施。开展学校课程思政工作优秀单位评选活动，及时肯定与奖励组织开展课程思政工作成效显著的教学单位。鼓励各教学单位设立课程思政专项经费，保障和激励课程思政工作推进有力。

（五）建立宣传机制

加大宣传力度，建立部门责任制，营造良好的课程思政建设氛围，让课程思政工作人人皆知。充分挖掘各部门、学院中在课程思政教育教学改革过程涌现出来的优秀课程、优秀案例、优秀教师等，用身边的榜样力量感染、激励每一位教师。充分利用线下传统媒体、红网等传统线上媒体、微信、微博、抖音等新媒体宣传优秀事迹，让教书育人的使命感、责任感深入人心，切实将立德树人落地落实。

第二节　高职院校课程思政建设实践案例

某高职院校按照“价值引领、能力达成、知识传授”的总体要求，以“全面展开，重点建设”为基本思路，深化学校课程思政教学改革，切实提升课程思政育人实效，推进全员全过程全方位育人，努力培养德智体美劳全面发展的社会主义建设者和接班人。

一、建章立制强化整体设计

围绕立德树人的根本任务，制定《课程思政建设方案》，以建设一批充满德育元素、发挥德育功能的通识教育课程和专业课程为目标，以强化顶层设计、推进改革创新、坚持分类指导为基本原则，以增强通识教育课程育人功能、发挥专业课程育人作用、开发具有德育元素的特色课程为主要任务，以强化队伍教育培训和完善质量监控为抓手，一体化推进课程思政建设，组织全体教师开展课程思政教学改革。印发《课程思政示范课程建设的指导意见（2020—2023 年）》，将课程思政建设纳入教师教学考核，引导全体教师自觉将思政教育融入各类课程教学。设立课程思政建设专项资金，分三批支持 90 位教师深度挖掘各学科专业课程及各教学环节蕴含的思想政治教育资源，推进教学改革，同时依托学校行业优势学科，重点建设课程思政“示范课”。构建“学生—同行—督导”三位一体的课程思政评价体系，强化过程管理，对教学成果突出的教师进行奖励，并在评优评奖等方面予以支持。

二、全员参与强化课程建设

按照“每一位教师有一门课程思政、每一门课程有思政元素”要求，动员全体教师深入挖掘专业课程中蕴含的思政元素，并将其融入教学各环节、全过程。依托公路交通、国土资源、城乡建设三大优势学科，研发由思政课教师、专业课教师、行业特聘教师共同参与的系列课程思政重点课程，激发学生投身行业、献身行业的使命感和责任感。遴选资助 6 个教学团队，对 29 门专业示范课程开展课程思政教学改革，初步形成覆盖 6 大学科的专业课程思政示范群，为在全校开展课程思政建设奠定基础，提供示范。通过实施"'校、院、系'三级教学改革推进计划"，积极推进课程思政改革创新，努力打造全课程育人体系。鼓励各学院加强课程思政教学团队建设，深入实施思政课教师与专业课教师合作备课制度。截至目前，全校约300门课程在教学大纲、教学内容、教学环节等方面融入了思政元素，全课程育人体系正逐步形成。

三、多措并举强化师资队伍

加强教师思想政治教育，首先需要转变教师传统的教育观念，因为过去很长一段时间里，专业课教师往往仅聚焦于知识传授和能力培养目标的达成度，而将最重要的价值引领目标给忽视了。需要引导广大教师树立"课程思政"理念，在知识传授和能力培养目标的基础上，还要以思想引领和价值观塑造为目标，引导广大教师不仅要做"教书"的"经师"，更要做"育人"的"人师"。采取学科组讨论、优秀教师传帮带、教材教案编写等方式，让教师思想政治教育教学能力得到持续提升。强化入职培训、专题培训、专业研讨、集体备课等，引导广大教师利用课堂主讲、线上线下互动、师生讨论、小组活动、课堂反馈、实践教学等方式，把知识传授、能力培养、思想引领融入课程教学。鼓励思政课教学名师、骨干教师与专业课教师在集体备课、专业系（教研室）工作例会等方面深入交流，切实发挥其在课程思政教学改革中的带头示范作用。树立"大思政"教育理念，发挥学科和行业优势，组织校内外教师、行业专家共同参与，建立由思想政治理论课教学部牵头，公路学院、地球科学与资源学院、建筑工程学院等7个学院近30名专职教师和外聘教师组成的交通、国土、建筑三大行业思政课程教学团队，实现思政课教师、专业课教师、特聘教师"同上一堂思政课"。

四、典型引领强化示范带动

充分挖掘凝练学校优势学科和专业特色，着力打造一批示范课程，深入推进课程思政内涵式建设，教育引导学生培育爱国情、激发强国志、深化报国行。如"学电商　用电商"课程由思想政治理论课教学部教师、电商学院教师、电商企业专家分别主讲电子商务产业发展的历史脉络和现实意义，我国电子商务的基本情况和未来趋势等内容，全方位、多维度阐释中国电子商务及电商强省建设发展，增强学生的"专业自信"和"职业自信"。先后邀请电子商务工程师、分析工程师等知名专家，与学生开展面对面学业规划及专业指导。利用暑期开展工程实践教育，安排师生前往电商企业开展暑期社会实践，提升学生对专业、行业的认识，激发学生立志成为“大国工匠”的使命担当。

五、多方联动强化支持保障

成立由校党委书记和校长任组长的课程思政工作领导小组并下设办公室，统筹推进全校课程思政教学改革工作。加强教务处、研究生院、教师工作部、学生工作处、思想政治理论课教学部等相关部门和各专业教学单位联动，明确职责、协同合作，确保课程思政改革各项工作落到实处。建立科学的课程思政工作评价体系，定期对教务处、各二级学院的课程思政工作实施情况进行采集和及时评价反馈，使各门课程的思想政治教育功能融入教学全过程，所有实施过程均可查可督，并对课程思政实施成效优异的课程及时进行宣传表彰，对课程思政实施成效较差的课程督促整改。为确保课程思政建设的可持续性落地落实，把教师在课程思政教学改革中的参与度、改革成效等作为教师职称评审、评优奖励、考核评价、荣誉评选、岗位聘用的重要依据；创新学生的课程学习评价，在对知识传授、能力培养的教学目标进行评价的同时，还需对价值引领教学目标进行科学评价，需具备一定的可行性；将各教学单位推进课程思政教育教学改革成效纳入单位绩效考核评价。设立专项经费，通过课程思政示范项目、课程思政典型案例、课程思政教学能力比赛等项目形式，对课程思政建设团队提供资金上的资助。并根据课程思政教育教学改革的年度考核结果实施动态管理，确保课程思政改革稳步推进、取得实效。

第三节　高职电商专业群课程思政建设实践

某高职院校以专业群建院系，以电商专业群成立的电子商务学院，深入学习贯彻习近平总书记关于教书育人的重要论述，落实立德树人的根本任务，实施“思业融合燎原计划”，建设1个示范专业、打造10门示范课程、覆盖全部教师、惠及所有学生，形成“一体化推进、两中心并重、三路径结合、四维度建构”的课程思政建设模式。

一、坚持一体化推进，实施“思业融合燎原计划”

以湖南省电子商务一流专业群建设为契机，将课程思政建设作为“突破口”，组织专门力量开展专题调研。保证课程思政建设的科学性和系统性，制定《关于实施“思业融合燎原计划”加强和改进课程思政工作的意见》，明确全方位推进、个性化落地实施、阶段性开展、周期性总结、动态性适时调整的原则，重点加强示范专业建设、示范课程建设、金课堂建设、师资队伍建设、教材资源建设、考评体系建设等工作。保证课程思政建设的可持续性和有效性，成立由学院书记和院长任组长的工作领导小组，将课程思政建设作为“亮点项目”，设立专门工作小组统筹协调整体工作，组织召开领导小组工作会、阶段性工作推进会、调研座谈会等，及时研究分析建设进展情况，平稳有序地推进课程思政建设工作部署落实。保证课程思政建设的科学性，成立“课程思政教学研究中心”，联合校内外相关领域20名专家学者组建专家委员会，为课程思政的理论和实践研究搭建优质平台，提升课程思政建设质效，拓宽课程思政建设的深度、广度和温度。

二、坚持两中心并重，构建双向督导评价机制

牢牢抓住教师课程思政建设能力水平这一关键，在电商学院各专业组织开展研讨会，指导授课教师深入领会课程思政的实质内涵与必要性，打破课程思政是“假大空”、是“假本事”、是“降低了专业教育的成效”、是“课堂五分钟”、是“挤压了专业教育的时间”、是“对课程知识传授和能力培养功能消解”等误区，确保课程思政实现隐性教育目标的合理性和有效性，防止出现泛化、机械化、标签化的情况。在教师岗前培训、在岗培训和师德师风、教学能力专题培训中纳入课程思政，在全校组织开展课程思政专题培训会、课程思政教学能力比赛、教学经验分享会等，现场观摩“电子商务实务”“视觉营销设计”“商品信息采集与处理”“消费者行为分析”等典型示范课程。鼓励教学名师、骨干教师、带头人等人才带头实施课程思政。组织专项督察，通过说课、专家听课等形式，动态监测课程思政建设质量。牢牢抓住受教者成长发展这一重点，在学生群体中开展第三方评价，形成《课程思政教学质量评价调查报告》，提供典型案例、经验助力课程思政建设持续优化。针对当代大学生“互联网”原住民的特点和疫情防控期间线上教学情况，推进课程思政“云端”建设，将抗疫精神和鲜活案例融入专业教学，为课程思政建设的全面深入探索规律、拓展渠道。

三、坚持三路径结合，完善立体实施保障体系

基于以点带面的思路，将示范引领与全面推广相结合，分批次、分阶段、分层次开展课程思政建设工作。结合学校办学特点和工作实际，2019年以来先后遴选了6门课程推荐校级和省级示范课程，在专业人才培养方案、教学标准、课程标准、教材、教案、授课计划、在线课程资源中均有机融入课程思政。坚持统一规范和创新激励相结合，学校研究制定并出台《课程思政建设指导纲要》，构建学院课程思政建设标准，指导各专业群、各专业根据自身学科特点制订个性化课程思政建设工作方案。将教师开展课程思政建设情况纳入职称评审、评优奖励、考核评价、荣誉评选、岗位聘用等考核评价体系，为课程思政建设提供有力的经费支持。坚持实践探索和理论研究相结合，立足学校课程思政建设实践，整理形成《课程思政教学案例集》等参考资料，提炼形成若干理论研究成果，在国内主流期刊和报纸发表相关学术论文和理论文章。

四、坚持四维度建构，形成“十百千万”工作格局

在课程维度，组织各教研室开展课程思政建设，共同建设示范课程，涵盖通识类、专业基础类、专业方向类、实践类所有课程类型。在专业维度，建设校级示范专业，实现了课程体系、专业体系、专业群体系的全部贯通。在教师维度，参与课程思政建设教师达到100%，涵盖老中青各年龄段，发掘融入了政治素养、人文修养、公民道德规范、科学精神、文化自信、劳动精神、法治意识、科技伦理、法律法规等多种思政元素。在学生维度，课程思政覆盖所有学生，有力促进了知识传授、能力培养和价值引领的有机统一。

第四节　高职电子商务专业课程思政建设实践

某高职院校电子商务专业教师团队，认真学习贯彻习近平总书记关于职业教育的重要论述，聚焦培养什么人、怎样培养人、为谁培养人等根本问题，将思想政治教育贯穿于人才培养体系，大力推进课程思政建设，抓紧抓实课程教学、示范带动、队伍建设、考核评价等重点环节，不断完善课程思政建设体制机制，促进课程思政与思政课程同向同行、同频共振，切实提升立德树人成效。

一、抓好“主战场”，建设立体化课程体系

电子商务专业教学团队系统梳理各类课程教学内容，深入挖掘思政教育元素，明确课程思政建设的重点和要求，不断优化以思想政治理论课为引领、以专业课程为核心、以通识课程为拓展、以实践类课程为补充的“1+3”思政教育体系，促进知识传授与价值引领融为一体。持续深化思想政治理论课“专题教学+网络教学+实践教学”的三位一体教学模式改革，推进习近平新时代中国特色社会主义思想进教材进课堂进头脑，结合鲜活的事例和生动的教学增强思政课的亲和力和引领力。分类推进课程思政改革，引导各院系根据不同专业的课程特点、思维方法和价值理念，编制专业课程思政教学指南，明确不同专业不同课程的课程思政目标、教学内容、教学方法，将课程思政写进教学标准。加强线上线下集体备课，打造“一课一特色”的矩阵，不断提升课程思政建设质量。

二、拓宽“主渠道”，打造精品化教学样板

通过“开学第一课”，引导新生坚定理想信念，明确规划目标；以“四史”学习、“家国情怀”通识课程为发力点，打造“学电商 用电商”等系列精品课程，激励学生弘扬光荣传统、争做时代新人。充分利用区域内红色资源，以雷锋精神等为主题，深入开展“传承红色基因 讲好雷锋故事”红色教育。实施课程思政建设示范工程，立项建设示范专业，推出示范课程，申请教学研究项目，实现示范项目全覆盖。加大先进典型选树和宣传力度，利用学校官网、微信公众号、短视频号等融媒体传播平台，专题展示示范课程的建设亮点与成效。建设“案例+微课”优质资源库，汇编课程思政案例集，积极推广典型经验和特色做法，带动学校课程思政建设水平整体提升。

三、抓牢“主力军”，建强一体化教师队伍

建立完善广覆盖、长链条、多维度的课程思政教师培训体系，将课程思政纳入新进教师培训、骨干教师研修、课程教学创新培训、研究生导师培训等工作，更新专业课教师的教学理念，提升专业课教师的课程思政能力。搭建课程思政交流学习平台，积极开展专题报告、教学沙龙、教研工作坊、教学比赛等各类竞赛交流活动，引导教师厚植思政育人理念，提升课程思政水平。构建“专业学院+思想政治理论课教学部/教育研究院”课程思政建设联合体，推动思想政治理论课教学部、教育研究院教师与其他学院教师“结对”交流，合力打造示范课堂、优秀案例，携手开展课题研究、论文撰写等。落实集体教研制度，组织教学课程组加强常态化教学研究，开展课程思政专题研讨、集体备课、示范观摩等。设立教研项目，引导教师加强课程思政建设重点难点和前瞻性问题研究，积极探索不同学科专业开展课程思政的规律与模式，推动把理论研究成果转化为改革实践成效。

四、用好“助推器”，完善多样化考核评价

改革课程教学评价机制，在原有知识传授、能力培养教学目标的基础上，将价值引领教学目标也纳入课程教学评价内容，探索建立形成性评价与终结性评价相结合、综合评价与增值评价相结合的课程思政教学评价体系。建立课程思政建设成效评估机制，把课程思政建设作为一流专业、一流课程建设的首要标准，纳入各教学培养单位目标责任制绩效考核，每年开展课程思政建设情况评估，对课程思政教改成效突出的进行宣传表彰，对成效欠佳的予以督促整改。严格落实党政管理干部听课制度、校院两级督导听课制度，在同行听课评教中将教师课程思政教学能力作为重要评价指标之一，在课程思政建设中重点突出教师的主体作用。完善课程思政建设激励制度，将教师育德意识及能力、课程思政教改成效等作为教师职称评审、评优奖励、考核评价、荣誉评选、岗位聘用的重要依据。增加课程思政项目，比如课程思政典型案例、课程思政示范项目、课程思政教学能力比赛等，并对这一系列优秀课程思政建设成果加大经费等支持力度，构建专业课教师、思政理论课教师、辅导员之间的协调育人机制，为教师间的教学研讨搭建平台，尽可能将全体教师的主动性、积极性和创造性调动起来，深度参与课程思政建设和改革，使得广大教师的育人意识进一步强化，育人能力进一步增强，思想政治教育在专业课中的切入点进一步精准、科学，使得课程思政建设能够真正落地落实，让学生思想政治教育真正取得成效。

第九章　高职课程思政建设的典型案例

第一节　“电子商务实务”课程思政案例

一、课程信息

（一）基本信息

课程名称：电子商务实务

课程类型：专业基础课

所属专业：电子商务

课程学时：32

课程学分：2

（二）课程性质

“电子商务实务”（慕课：“学电商　用电商”）是电子商务类专业的专业基础课，属于必修课。本课程开发在线开放课，组织学生在线自主学习、师生线上和线下互动研讨，以及自主训练和指导训练相结合等多种学习形式，有助于增强创新创业意识、应用互联网思维、提高学习与创新能力、树立正确的价值观和责任感，符合新时代要求的综合素质与适应电子商务产业发展需要的专业基础能力。

本课程并行开设的课程有“图形图像处理（Photoshop）”等，主要为后续课程有“电子商务运营与推广”和“新媒体营销”等课程学习打下良好的基础，更为职业生涯发展奠定基础。

（三）课程任务

“电子商务概论：学电商　用电商”课程的任务是落实立德树人根本任务，满足电子商务类专业的人才培养要求，围绕核心素养，吸纳相关领域的前沿知识和技术，通过一些知识、数据和故事的学习，让学生了解电子商务的基本知识、发展现状、未来趋势；通过一些创业案例、成功经验故事的分享，能够喜欢电商、喜欢专业、看到希望；通过组织讨论分析、实践操作等活动，能够由羡鱼到织网，迈出电商第一步。

二、总体设计

（一）设计思路

“电子商务实务”课程立足“立德树人”教育目标，以学生为中心，全面帮助学生提升知识、能力和素质，尤其是通过思想政治教育，让学生在理想、信念、价值观等方面更加端正，让学生的创新精神、合作能力、人文素养、社会公德、职业道德、个人美德都得到全面提升。

（二）课程内容

本课程注重趣味性、系统性和专业性，以问题导向、任务驱动，弱化知识的了解与背诵，强化技能与信息的应用，设计了遇见电商、揭秘电商、玩转电商、透视电商和畅想电商5个主题，分成23个话题、探讨“行业热门、业内关注、大家困惑”的63个问题，以及23个学习任务、若干个学习活动，如图9－1所示。教学中可参考表9－1的学时分配，根据学情分析适当调整部分任务，灵活设计教学内容和调整课时。

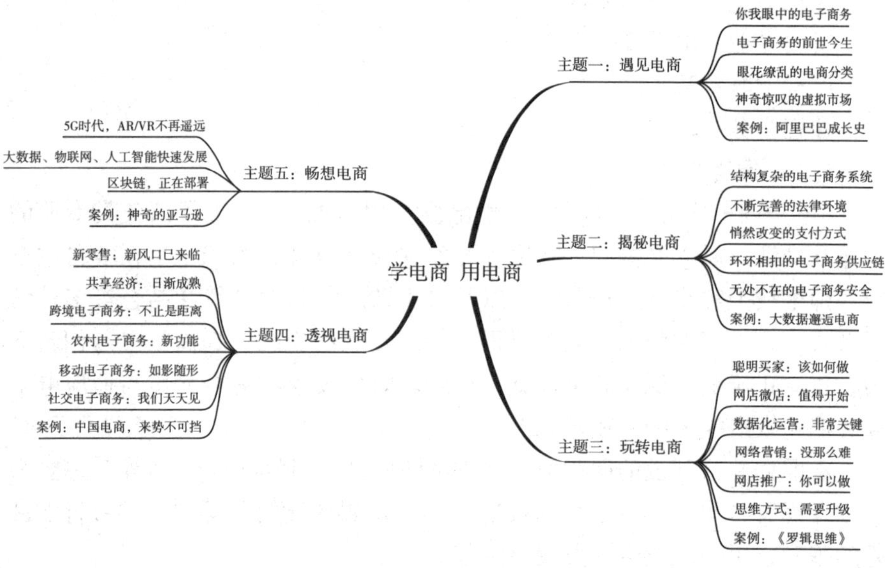

图9－1　课程内容结构

表9－1　学时分配建议表

序号	学习主题	学习任务	学时
1	遇见电商	①你我眼中的电子商务；②电子商务的前世今生；③眼花缭乱的电商分类；④神奇惊叹的虚拟市场	6

（续表）

序号	学习主题	学习任务	学时
2	揭秘电商	①结构复杂的电子商务系统；②不断完善的法律环境；③悄然改变的支付方式；④环环相扣的电子商务供应链；⑤无处不在的电子商务安全	6
3	玩转电商	①聪明买家：该如何做；②网店微店：值得开始；③数据化运营：非常关键；④网络营销，没那么难；⑤网店推广：你可以做；⑥思维方式：需要升级	12
4	透视电商	①新零售：新风口已来临；②共享经济：日渐成熟；③跨境电商：不止是距离；④农村电子商务：新动能；⑤移动电子商务：如影随形；⑥社交电子商务：我们天天见	8
5	畅想电商	①5G 时代，AR/VR 不再遥远；②大数据、物联网、人工智能快速发展	2
合计（不含考查 2 学时）			36

（三）思政、德育融入内容体系

“电子商务实务”课程基于社会主义核心价值观和中华民族优秀传统文化，从理想信念教育（包括爱党、爱国、中国梦）、心理品质教育（包括核心价值观、思辨精神、善良仁爱）、道德法制教育（包括科技伦理、商业伦理、网络伦理、遵纪守法、诚实守信、社会公德、职业道德、个人美德）和努力奋斗教育（包括崇尚劳动、吃苦耐劳、持续奋斗、与时俱进、创新精神、团队精神）四个维度、二十个重要方向，通过数十处思政、德育融入点，贯穿于“电子商务实务”五大主题、二十三任务当中，构建起整门课程的内容体系。

（1）主题 1“遇见电商”思政、德育融入内容体系，见表 9－2 所列。

表 9－2　主题 1“遇见电商”思政、德育融入内容体系

任务名称	思政、德育融入点
你我眼中的电子商务	①立规矩，明要求，以规矩求规范；杜绝抄袭、旷课等不良行为；培养团队意识、诚信意识、进取精神。 ②通过对比讲解电子商务和传统商务异同的时候，引导学生客观看待电子商务的优缺点，正确对待电子商务对传统商务的影响，要以发展的眼光看待问题

（续表）

任务名称	思政、德育融入点
电子商务的前世今生	①在讲解电子商务“前世”的时候，通过讲解阿里巴巴在非典期间的崛起，让学生深刻理解什么是奋斗、“阿甘精神”。 ②在讲解电子商务“今生”的时候，通过讲解2020年新冠肺炎期间，各电商平台、电商人在疫情期间的突出表现，引入“企业社会责任”“电子商务平台社会责任”“企业家精神”等内容，让学生明白世界、国家、社会、公民是一个不可分割的有机整体
眼花缭乱的电商分类	①讲解C2B的时候，引入拼多多；讲解O2O的时候，引入美团，强调创业者创新、“与其更好，不如不同”错位竞争的重要性。 ②在讲解O2O模式的时候，引入“外卖餐饮垃圾”这个现实问题给学生思考，强调保护环境是每个人的责任，同时让学生分享外卖餐饮垃圾分类
神奇惊叹的虚拟市场	通过2021年互联网平台反垄断第一案“抖音诉腾讯垄断”，引导学生了解《国务院反垄断委员会关于平台经济领域的反垄断指南》（以下简称《指南》），正确认识“二选一”“大数据杀熟”这些互联网垄断行为对市场造成的危害，遵循互联网经济的商业伦理

（2）主题2“揭秘电商” 思政、德育融入内容体系，见表9－3所列。

表9－3 主题2“揭秘电商” 思政、德育融入内容体系

任务名称	思政、德育融入点
结构复杂的电商系统	通过系列电商系统信息泄露事件，让学生深刻意识到科技是把双刃剑，科技创新的目的是造福于民，但伴随的安全隐患也是同时存在的，提高学生的信息系统安全意识
不断完善的法律环境	通过对知识产权讲解的时候，突出强调在电子商务运营中最容易触犯的图片侵权、字体侵权等问题，尤其是跨境电商，知识产权是很多卖家不可承受之痛，让学生具有法律意识、遵纪守法
悄然改变的支付方式	通过引入频频爆发的P2P信贷事件，让学生警惕社会上的各种消费贷款，形成良好的消费习惯；基于目前信用卡市场过度透支和办卡泛滥的信用，引导同学们要珍惜自己的信用记录，不要当“卡奴”，消费要量力而行

（续表）

任务名称	思政、德育融入点
环环相扣的电商供应链	①通过京东、顺丰物流在疫情期间的表现，以历年“双十一”物流配送数据讲解中国的物流速度，引发学生的民族自豪感和爱党、爱国情怀。 ②通过“数字化下的快递员”“互联网巨头正在夺走卖菜商贩的生计”这些现象，让学生分组辩论，引导学生辩证地看待科技发展，思考科技发展与人文关怀的矛盾，科技发展的目的是造福于民，而不是给人类套上枷锁，加剧社会的两极分化。 ③通过课堂辩论外卖小哥送餐迟到，顾客是否应该投诉的话题，建议学生对他人、特别是城市里辛苦打拼的劳动者多一分宽容和体谅，这是当今社会需要的公民素养
无处不在的电商安全	通过播放“数据时代你的手机 App 都对你的隐私做了什么?”增强学生的信息安全意识、个人隐私保护意识

（3）主题3“玩转电商”　思政、德育融入内容体系，见表9－4所列。

表9－4　主题3“玩转电商”　思政、德育融入内容体系

任务名称	思政、德育融入点
聪明买家：该如何做	引导大学生理性消费、量入为出，继承和发扬勤俭节约、艰苦奋斗的优良民族文化传统
网店微店：值得开始	①通过马云、雷军、刘强东的创业故事，引导学生深刻意识到，只有通过诚实合法劳动才能创造成功生活，而且必须付诸行动，不能停于口头。 ②通过微商涉嫌传销被罚的系列案例，引导学生诚信服务、德法兼修
数据化运营：非常关键	①通过良品铺子运营的实践过程，引导学生试错并勇于承受挫折；通过小刘个人校园创业的案例，引导学生培养创新意识和创业精神；并保持学习自信和主动性。 ②通过讲解数据化运营的思维，培养学生基于数据决策的意识，也让学生学会去运用数据化思维去解决问题，锻炼个人的思维逻辑
网络营销：没那么难	①通过直播营销频频翻车案例、播放《致匠心》《一颗女排的心》广告视频，引导学生抵制低俗、庸俗、媚俗，用健康向上的营销作品温润心灵、启迪心智、引领风尚。 ②通过薇娅逃税漏税的反面案例，引导学生树立正确的诚信经营观

（续表）

任务名称	思政、德育融入点
网店推广：你可以做	①通过虚假推广的案例，引导学生修学先修身，诚实守信是为人首要原则，网店推广中更讲究诚信。 ②通过敬业的案例，引导学生主动培养个人的敬业精神，特别在电商行业中需要这种敬业精神
思维方式：需要升级	①通过讲解大数据思维，培养学生基于数据决策的意识，也让学生看懂抖音、今日头条等 App 背后的底层逻辑，要用自己的自律去驯化 App，而不是被 App 所驯化。 ②通过讲解成长思维模式，让学生改变固定思维模式，敢于直面逆境、挑战自我、收获成长。 ③通过讲解增长思维模式，让学生深刻掌握边际效应递减定律，并运用于自己的学习、生活，从而提高自我的价值感、获得感和幸福感，即使是做简单的事情，也要做到出人意料的精彩

（4）主题4“透视电商” 思政、德育融入内容体系，见表9－5所列。

表9－5 主题4“透视电商” 思政、德育融入内容体系

任务名称	思政、德育融入点
新零售：新风口已来临	通过讲解日本鸟屋书店案例，让学生深刻理解如何为用户提供超出期望的价值，站在用户的角度思考问题，学会换一个视角看问题，向学生引申出学习和工作中需要创新思维、与时俱进、精益求精、追求卓越，不能盲目地随波逐流
共享经济：日渐成熟	通过引导学生讨论为什么共享单车这一“环保利器”现在却沦为城市垃圾，引导学生意识到无序停放和不文明的出行给城市管理带去了巨大压力，进而带领学生探讨一个人该具有什么样的社会公德，该承担什么样的社会责任
跨境电商：不止是距离	①通过教师讲解和引导学生讨论国家“一带一路”倡议，让学生认识到跨境电商可以提高中国制造的世界影响力和竞争力，可以促进中国经济深度融入世界，增强学生的爱国主义情怀 ②通过讲解 anker 这一杰出中国制造品牌，播放“品牌强国工程”宣传片，让学生知道企业通过技术创新做出好的产品，使品牌形象走向世界，实现品牌梦、中国梦，增强学生的民族自信、文化自信

（续表）

任务名称	思政、德育融入点
农村电子商务：新动能	通过讲解和分享农村电子商务的先进事迹、国家乡村振兴战略，增强学生的社会使命感和责任感，进而引入习总书记“中国共产党人的初心和使命，就是为中国人民谋幸福，为中华民族谋复兴”这一重要理念
移动电子商务：如影随形	①首先引导学生讨论“科技/网络如何改变我们的生活?”这一话题，进而引入讨论话题“如何克服手机依赖症?”让学生辩证思考网络带来的利弊，思考如何克服网络依赖，并进一步衍生至辩证看待科技的利弊 ②引用《少有人走的路》书中的核心观点之一：自律的人生，才能拥有真正的自由。引导学生培养持之以恒的自律、坚持、努力的精神
社交电子商务：我们天天见	通过社交电商涉嫌传销被罚的系列案例，引导学生区分社交电商与传销模式的异同，能够提高自我保护意识，避免陷入传销旋涡

（5）主题5“畅想电商” 思政、德育融入内容体系，见表9-6所列。

表9-6 主题5“畅想电商” 思政、德育融入内容体系

任务名称	思政、德育融入点
5G时代，AR/VR不再遥远	通过播放华为5G技术视频，让学生直观了解最新麒麟990 5G芯片的厉害之处，进而引出中华民族是具有伟大创造精神的民族，华为5G技术的领先正是创造精神的体现，增强学生的民族自信、爱国情怀
大数据、物联网、人工智能快速发展	引导学生讨论“AlphaGo”接连击败了各国围棋高手、无人驾驶汽车问题、数据隐私问题、军事机器人伦理问题，从而进一步引导学生讨论人工智能带来的究竟是福祉还是挑战？让学生辩证地看待人工智能，提高科技伦理意识
区块链，正在部署	通过讲解区块链是促进数据安全和隐私保护的重要技术，并引用谷歌的前CEO施密特博士的一句话：“比特币是一项了不起的加密成就，它能在数字世界中创造出不可复制的内容，这具有巨大的价值。”让学生意识到与时俱进、科技创新的重要性

（四）教学模式

课程的课堂教学坚持以学生为中心，注重学用结合，综合运用信息化等教学方法和手段，通过课前、课中和课后三个环节，由浅入深、逐步递进。通过采用 BOPPPS 模式开展课堂教学，具体分为导入、目标、前测、参与式学习、后测、总结拓展六个环节，采用案例分析、小组讨论、小组分享、辩论讨论等教学方法，采用课前任务融入、课中导入环节融入、知识点融入、知识拓展导入、案例分析导入、问题讨论导入、分享和辩论讨论点评导入等德育素材导入策略，将思政元素春风化雨般融入课堂教学，带给学生情感和思想上的触动。

（五）教学方法与手段

在本课程的课堂教学过程中，根据教学内容的不同，综合采用多种教学方法，以提高课程的育人效果。

1. 启发式教学法

每个任务都会设置一些主观性很强、能够引发学生深度思考的问题，启发学生从多个角度看待一件事情，同时运用于日常的学习和生活中，帮助学生建立正确的学习目标，并进行正确的决策。

2. 案例教学法

课程根据每一个任务的学习目标，会搜集相关案例让学生进行分析。特别是在电商商业模式、营销模式、电商技术学习中，辅助相关的科技伦理、商业伦理、网络伦理案例，引导学生建立强烈的时代责任感、崇高的爱国情怀。

3. 分组、讨论式教学法

教师课前根据教学内容创建的环环相扣、逐层递进的问题链，在课堂教学中设疑激趣，用问题链引导学生思考、讨论，能够培养学生深度思考能力、思辨能力；同时，在师生讨论的碰撞中，逐渐加深对自身价值观的认知和道德素养的反省，让学生的行为规范得到进一步提升。

4. 言传身教法

教师以身示范，保证课程教学与德融课堂的完美统一。教师教学不应该只停留在理论阐述上，要具有系统的知识储备，还有全面的人文素养、精湛的专业技能和较强的教学能力；此外，还要严于律己，课前、课后加强对学生自主学习和拓展学习的跟进，用心备好每一次课，做好教学设计，课堂上精神状态饱满，用心组织各种教学活动，充满仁爱之心，树立无私奉献精神，于润物细无声之处将德育、思政元素融入专业教学，实现师生思想上、情感上的同频共振。

三、教学实施

（一）教学组织

1. 师生关系

教师走下生硬和冰冷的神坛，建立"'学电商　用电商'学习社区"，构建线上和线下相结合的"学教并重"教学结构，对学生思想上引导、专业上指导、任务中辅导，言传身教，润物细无声，用一个灵魂唤醒另一个灵魂，让学生感受教育的温度。

2. 学习小组

学生3～4人分组完成任务，专业课教师与思政理论课教师、辅导员三线联合，保障教学有效实施。

（二）教学方法

针对不同的任务和问题，采取合适的教学方法：

针对电子商务新业态、新技术，采取案例分析、话题讨论等教学方法。

针对电子商务在学习、生活中的灵活应用，采取头脑风暴、趣味实践等教学方法。

针对学生电子商务法律意识欠缺、安全意识不强的问题，采取案例讲解与分析等教学方法。

（三）教学过程

课程给予BOPPPS模式开展课堂教学，具体分为导入、日标、前测、参与式学习、后测、总结拓展六个环节。课堂教学过程中充分借助学习通平台的数据分析功能、词云、在线教学活动等，开展随堂测试、话题讨论、主题分享、案例分析、小组分享等多种教学活动，改进课堂教学过程管理，提高思想政治教育入脑入心的效果。

例如在讲解主题2"环环相扣的电商供应链"部分，就有多处思政元素的自然融入，具体如下：

课前导学环节，让学生观看供应链相关微课、完成课前测试，并撰写菜鸟、京东和顺丰三家企业的物流调研分析报告，使学生能够对比分析各企业的物流策略，差异性在哪？各有何优劣？提高学生多视角分析问题的能力、深度思考能力。

课中互动环节，一是导入（案例）：教师从历年"双十一"的物流对比数据、2020年期间京东和顺丰物流的突出表现两方面导入新课。二是目标，明确本次课的学习目标、重难点。三是前测，该环节随机抽取小组进行课前任务的分享，让学生谈谈这三家企业物流的异同、各自的优劣势、带给自己的启发，从学生的分享过程，教师更精准定位学生课前自主学习存在的问题。四是参与式学习，教师通过一系列问题的设置，通过让学生思考、讨论、辩论，将思政、德育元素融入专业教学，浸润学生的内心。比如，通过引入“数字化下的快递员”“互联网巨头正在夺走卖菜商贩的生计”这些现象，让学生分组辩论，引导学生辩证地看待科技发展，思考科技发展与人文关怀的矛盾，科技发展的目的是造福于民，而不是给人类套上枷锁，加剧社会的两极分化；通过引入外卖小哥送餐迟到，顾客是否应该投诉的话题这一话题，建议学生对他人、特别是城市里辛苦打拼的劳动者多一分宽容和体谅，这是当今社会需要的公民素养。五是后测，教师以测试题或提问的形式，对学生的学习效果进行检测，发现问题则及时调整教学策略，帮助学生巩固重点，突破难点。六是总结拓展，教师对本次课的内容进行总结，同时提出课后拓展话题“电商黑马拼多多又是如何对其物流进行布局的?”

课后拓展环节，学生在讨论区讨论拓展话题，并学习平台上的拓展资料。同时，要求感兴趣的学生写下这节课的感触，这个特殊的作业不限字数、不限形式、不计入成绩、做不做都行，通过这种方式可以增进师生之间互动与感情。当教师抛出了真诚的橄榄枝时，学生也会敞开心扉，这种师生间走心的交流，对后期的教学大有裨益。

四、课程评价

课程基于学习目标展开，主要目的是促进学生综合素质的提升和相关能力的培育，既利于学生学习，也利于教学活动的开展。评价内容不仅要关注学生知识技能的掌握程度，更要重视学生解决实际问题的综合能力；同时，关注学生的思想道德品质、日常行为、规范遵守等方面，兼顾学生认知能力、创新发展能力与团队协作能力的发展。要明确评价方式的设计，不是为了给学生一个简单的分数，而是激发学生学习兴趣，帮助教师及时调整教学策略，尽可能科学合理地安排教学内容与进程，促进学生综合素质的全面提升。结合过程考核（作业、小组课中分享、课程音视频、章节测验、访问数、提问与讨论、思想道德品质、日常行为、规范遵守）和结果考核（期末考查），对学生进行综合、全面考核（见表9－7所列）。

表 9-7　课程考核评价方式

考核项目		考核方式与要求	成绩占比
过程考核	作业	①小组分工明确、具体，成员参与度高； ②作业排版规范、整洁、美观； ③按要求认真调研分析、动手实践，形成自己的观点和认知，拒绝网络抄袭； ④课前按时提交	20%
	小组课中分享	①自信大方、语言流畅，声音洪亮； ②思路清晰、逻辑层次分明； ③高度凝练，拒绝冗余	10%
	课程音视频	课前完成微课观看	10%
	章节测验	①每个话题的课前在线测试； ②课中的后测环节。	10%
	访问数	学生在线访问量达到 300 次计满分	10%
	提问与讨论	①学生参与提问与讨论情况，发表或回复得 5 分，获得赞得 2 分，按百分制，系统自动统计后折算，实际上就是 0.5 分和 0.2 分； ②讨论内容与主题相关性强、质量高	15%
	思想道德品质	①积极参与小组任务，具有团队精神； ②参与话题线上线下讨论、小组辩论时，具有爱国情怀、思辨精神、创新精神，具有科技伦理、商业伦理、网络伦理、遵纪守法、诚实守信、社会公德、职业道德等意识； ③积极帮助需要帮助的同学，善良仁爱； ④在课程学习过程中体现了吃苦耐劳、持续奋斗、与时俱进的精神品质	5%
过程考核	日常行为	①学生平时要注意仪表整洁，举止有礼，见到老师问好； ②电脑桌内外要保持清洁，不得随地吐痰，乱扔纸屑、果皮等杂物； ③在上课铃响之前，学生先进教室，做好准备，静候老师前来上课； ④下课前电脑关机、摆好鼠标、键盘，椅子归位； ⑤中途离开、进入实训室跟老师报告； ⑥上课要专心听讲，不做与课本无关的事	5%

（续表）

考核项目		考核方式与要求	成绩占比
过程考核	规范遵守	①遵守课堂规范，准时进行直播签到与平时签到、不早退； ②上课教师宣布上课，全部起立，行注目礼； ③在课程互动讨论区、微信群等网络平台留言遵守网络道德规范	5%
结果考核	期末综合性任务	①对该课程的知识和综合应用能力强； ②小组分工明确、具体，成员参与度高； ③汇报环节自信大方、语言流畅，声音洪亮、思路清晰、逻辑层次分明、高度凝练，拒绝冗余； ④汇报时间控制在5分钟以内	10%

五、教学效果

（一）教师德融教学目标实现情况

在德融课堂教学中，教师通过多种教学方法手段的合理运营，在讲述电子商务相关知识点、技能点的过程中，科学融入很多关于科技伦理、商业伦理、网络安全、法律法规的思政点，并用相对最适合的案例载体由浅入深地进行讲解、引导学生从多角度进行分析、讨论、辩论、头脑风暴等，将思政元素与课程知识点、技能点进行非常巧妙的融合。同时，教师在讲解德育内容的过程中，没有过度渲染，更没有喧宾夺主，恰到好处地引出内容，引导学生去思考、反省，始终坚持以专业内容为主，德育内容为辅。

（二）学生德融课堂收获情况

通过将德育内容与电子商务基本知识紧密联系，有效实现了德育与专业知识教育的紧密自然和科学融合，同时让两者互为促进、互为补充、互相支撑，共同促进学生的学习效果。学生们普遍反映受益匪浅，通过德融课堂教育，有力促进了学生对专业理论知识的深刻理解，同时又获取了做人做事的基本道理和行为准则，使他们更加喜欢自己的专业，更加自信、更加具有正能量。

六、特色创新

一是优化课程目标，将科技伦理、商业伦理、电商安全、电商法律与电子商务教育融为“一体”。

二是重构教学内容，将科技伦理、商业伦理、电商安全、电商法律与学习任务融为“一体”。

三是创新教学模式，采用BOPPPS模式开展课堂教学，将导入、目标、前测、参与式学习、后测、总结拓展六个环节融为“一体”。

四是创新教学评价，利用学习平台数据、日常积分，对学生的团队协作、学习态度、责任心等方面进行增值评价。

第二节　“视觉营销设计”课程思政案例

一、课程信息

（一）基本信息

课程名称：视觉营销设计

课程类型：专业核心课

所属专业：电子商务

课程学时：64

课程学分：4

（二）课程性质

“视觉营销设计”是电子商务专业核心课，第四学期开设。学生通过视觉创意、产品和店铺视觉设计、VI 设计等任务训练，掌握相关知识和技能，提高学习与创新能力，提高审美素养，增强设计思维能力，树立正确的价值观和责任感。

（三）课程任务

本课程是贯彻党的教育方针，落实立德树人的根本任务，满足电商行业发展对技术技能人才的需求，围绕视觉识别、视觉传达等核心能力，吸纳前沿技术，遵循国家高等职业学校电子商务专业教学标准，融入职业技能等级证书标准，深入挖掘任务相关知识和技能所蕴含的思想价值和精神内涵，培养学生“精设计、擅营销、会审美、有信念”。

二、总体设计

（一）“5–5–4–4–4”的设计思路

课程团队以课程特点、职业需求、学生诉求为依据，与思政理论课教师、辅导员双线联合，遵循图 9 – 2 所示的“5–5–4–4–4”基本思路：

确定厚植爱国情怀、提升品德修养、增强文化自信、坚持主动创新、提高审美素养等 5 个重要目标，挖掘强国富民思想、核心价值观、优秀传统文化、设计创新思维、文化艺术审美等 5 类核心元素，重构视觉定位创意、产品视觉设计、店铺视觉设计、VI 视觉设计等 4 个学习项目，整合建设 VR 虚拟现实、音视频、动画、图文等 4 类思政资源，融入“学—思—践—悟”4 步教学过程，科学合理地拓展课程的高度、深度、广度和温度等四个度。

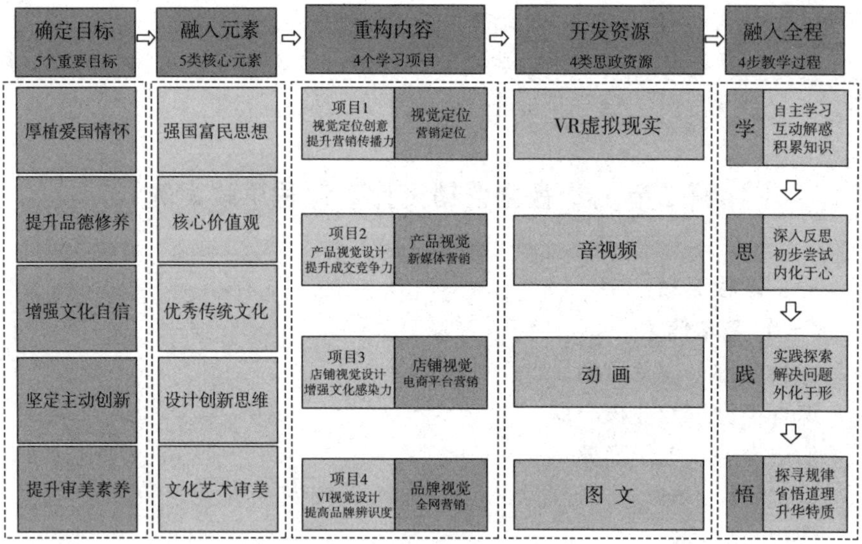

图 9-2　课程思政设计思路

（二）确定 5 个思政目标

本课程以“培养什么人”这个首要问题为根本导向，落实立德树人的根本任务，在岗位需求分析的基础上，确定“精设计、擅营销、会审美、有信念”的课程总体目标。

依据课程总体目标，结合学生的学习特点和问题，确定厚植爱国情怀、提升品德修养、增强文化自信、坚定主动创新、提高审美素养等 5 个思政目标（如图 9-3 所示）。

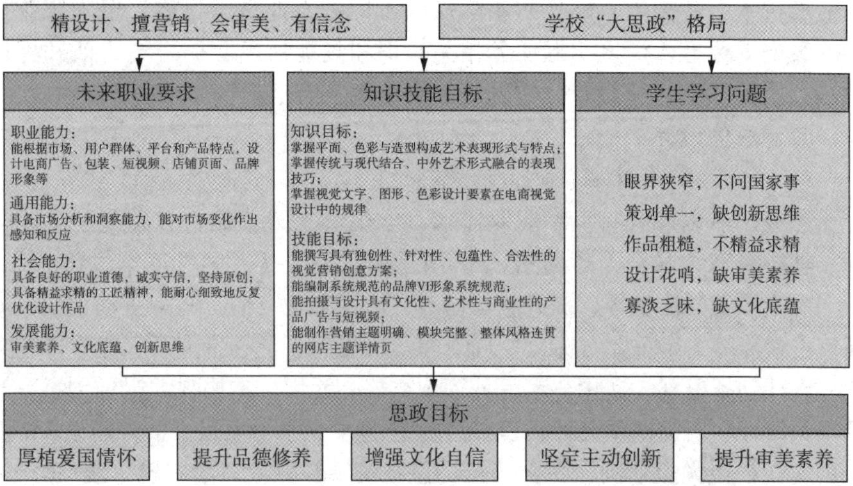

图 9-3　课程思政目标

（三）深挖5类思政元素

依据电商专业和本课程特点，深挖掘知识和技能相关的思政元素，使之内化为学生的精神追求、外化为学生的自觉行动。

（1）强国富民思想。针对电商产业现状与趋势，挖掘所蕴含的使命感、责任感等元素，激励学生树立强国富民思想。

（2）核心价值观。针对电商视觉营销重流量不重质量的乱象，引导学生践行社会主义核心价值观，增强育人针对性和实效性。

（3）优秀传统文化。响应国家守护非遗、传承文化的号召，将苗乡文化等融入设计作品，引导学生增强文化自信。

（4）设计创新思维。遵循“传统文化艺术形式加现代设计构成手法”的设计理念，增强学生创新思维能力，提升综合素质。

（5）文化艺术审美。将中国传统文化图腾等艺术视觉元素融入设计作品，提高审美素养，增强职业发展能力。

（四）设计4个学习项目

课程思政不是“课程+思政”，是将所挖掘的思政元素有机融入学习任务，实现育人和育才的统一。因此，本课程以乡村振兴项目苗乡银饰视觉设计等三个真实完整任务为载体，将思政元素融入其中，通过系统化、再造性设计，将原来6个章节重构为4个项目10个学习任务（见图9－4）。

图9－4　学习项目与任务

项目任务——苗乡银饰视觉营销设计，为学生提供指导，确保每个学生都“跟得上”；

提升任务——铜官窑陶瓷视觉营销设计，为学生提供帮助，大部分学生“够得着”；

拓展任务——红色旅游视觉营销设计，激励学生自主完成，让有余力学生“吃得饱”。

（五）整合4类思政资源

组织资源“众筹”活动，建设包括VR虚拟现实、音视频、动画、图文等4类资源的课程思政资源库，整合为品牌强国、大国工匠等6个主题；在学习通上搭建了在线课程，为达成思政目标提供鲜活事例和786个生动素材，设计了“思政天地”“你议我论”栏目，突出育人本质，保障同向同行；在自编的新形态教材中，融入了思政元素，并应用App，让课堂装进手机、揣进口袋。

（六）创新4步教学模式

如图9-5所示，本课程创新“学—思—践—悟”的教学模式，采用线上线下混合式学习，让学生由表及里，知行合一，触及其灵魂的深度，促进其精神成长与智慧成长。

学——自主学习、互动解惑，积累知识；

思——深入反思，初步尝试、内化于心；

践——实践探索、解决问题，外化于行；

悟——探寻规律、省悟道理，升华特质。

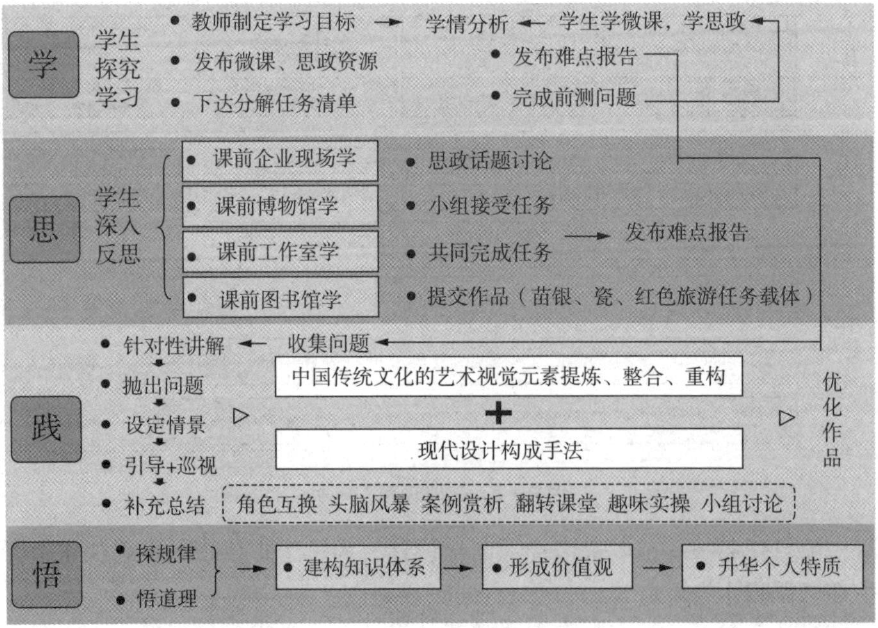

图9-5 教学模式

三、教学实施

（一）教学组织

1. 师生关系

教师走下生硬和冰冷的神坛，建立“启美工作室”和“视觉营销设计学习社区”，构建线上和线下相结合的“学教并重”教学结构，对学生思想上引导、专业上指导、任务中辅导，言传身教，润物细无声，用一个灵魂唤醒另一个灵魂，让学生感受教育的温度。

2. 学习小组

学生 5 人分组完成任务，每组均确定设计总监、设计师等 5 个岗位，并制定了岗位职责和工作室规章制度。专业课教师与思政理论课教师、辅导员三线联合，保障教学有效实施。

（二）教学方法

如图 9－6 所示，针对不同任务和问题，采取合适的教学方法：

图 9－6　教学方法与手段

针对传统文化艺术表现形式认知与挖掘，采取案例赏析、话题讨论、角色互换等教学方法。

针对传统文化图腾、文字等艺术表现形式的灵活应用，采取头脑风暴、趣味实践等教学方法。

针对学生原创意识不强的问题，采取案例讲解、原创承诺书签订等教学方法。

（三）教学过程

课程团队在“学—思—践—悟”的教学模式过程中，推进现代信息技术在课程教学中的应用，改进课堂教学过程管理，提高课程思政内涵融入课堂教学的水平。

学——思政融入线上学习。充分发挥“互联网+教育”的功能，基于“思政天地”“你议我论”栏目，将“文化故事”等融入思政资源和互动话题，培养学生爱党、爱国、爱社会主义的思想情感，增强学生的责任感、使命感和家国情怀。

思——思政融入反思活动。带领学生去苗乡银饰企业、铜官窑博物馆、红色旅游基地进行现场教学，引导学生从不同的角度反思，引导学生探索未知、追求真善美、勇攀高峰的责任感和使命感（图9-7）。

践——思政融入线下实训。针对学生存在的创新思维不够、审美素养不足等问题，在项目实践训练中，教师通过引导学生鉴赏中国色彩中的“五色”文化、齐白石书画作品“留白”美学等解决学生苗银广告色彩中国风格不浓厚和版式排列过满的问题。同时，邀请企业专家引导学生学思结合、知行统一，增强学生勇于探索的创新精神、善于解决问题的实践能力（图9-8）。

教师在工作室指导学生创意设计

小组团队

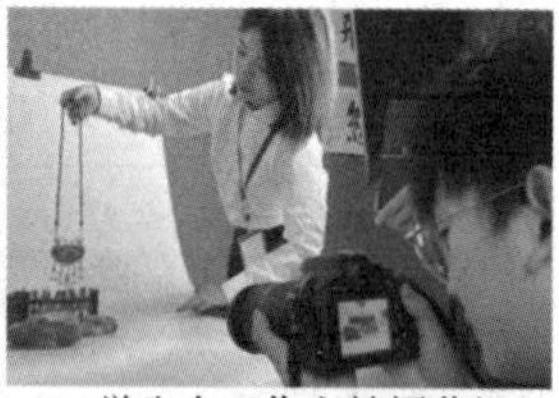
学生在工作室拍摄苗银

小组交流讨论

学生在工作室拍摄苗银

学生在工作室创意设计

师生在苗银企业

师生在群里村红色旅游基地

师生在铜官窑

师生在铜官窑博物馆

师生在省博物馆

师生在图书馆

图9－7　学生反思活动

趣味实操——利用中式色卡在“可画”APP中进行装饰图形的填色和搭配

头脑风暴——苗乡元素挖掘

教师指导——苗绣纹样提炼

小组讨论——苗银产品特点与广告装饰图案的融合

图9－8　学生实践训练

悟——思政融入课后拓展。充分满足学生的个性化需求，调动学生的学习热情，组织参加“乡村振兴”等活动，引导学生课后自主学习，提高学生分析问题、解决问题的能力以及交流沟通能力，培养学生批判思维，将知识转化为素养的能力（图9－9）。

群力村红色旅游直播广告

铜官窑广告

群力村为推广有功学生颁奖

图9－9　学生课后拓展

（四）教学评价

器以载道，物以传情。通过作品评价看学生技能和思政修养，并配以行为表现的评价。实施学生互评、教师评价和企业评价相结合，过程性考核与结果性考核相结合（图9－10）。同时，通过对学生日常行为数据的采集和分析（图9－11），客观有效评价学生的学习效果。

过程性（70%）											终结性（30%）				
课中学习任务（50%）				学习平台（30%）				素养（20%）			期末综合任务（60%）				思政（40%）
审美性（25%）	文化性（25%）	商业性（25%）	创新性（25%）	课程音视频（25%）	在线测试（25%）	课程互动（25%）	在线讨论（25%）	诚实守则（40%）	团结协作（40%）	劳动精神（40%）	审美性（25%）	文化性（25%）	商业性（25%）	创新性（25%）	社交平台行为数据采集（100%）

思政评价构成：社交平台行为数据采集（课程开设前、后各采集1次，依据增量评分）（100%）

素养评价构成：学生评价（组内互评）（50%）+教师评价（50%）

学习任务评价构成：学生评价（组间互评）（30%）+教师评价（40%）+企业评价（30%）

学习平台评价构成：平台自动生成（100%）

图9－10　教学评价构成

平台类型	平台名称	评价维度
社交平台	微信、微博、抖音、快手、小红书等	点赞、关注、收藏、分享、发布等记录
电商平台	淘宝、天猫、京东、拼多多等	购买、加入购物车等记录
学习平台	学习通、网易云课堂、中国大学（MOOC）、网易公开课等	所关注的课程、学习进度、学习通平台学习过程记录
阅读APP	微信阅读、当当云阅读、京东阅读等	购买、试读等记录
资讯平台	今日头条、腾讯新闻、人民日报等	资讯平台关注记录
视频平台	哔哩哔哩、爱奇艺、优酷等	观看记录

图9－11　学生日常行为数据采集维度

四、教学效果

寓价值观引导于知识传授和能力培养之中，优化课程目标、重构教学内容、创新教学模式、改革教学方法，培养学生“德艺双馨”。

一是授课班级学生商业视觉设计能力和审美素质明显提升。对比优化前后作品，中国传统文化艺术形式与现代设计手法融合度较高，4 个作品被采纳（图9－12）。

群力村红色旅游直播广告

群力村为推广有功学生颁奖

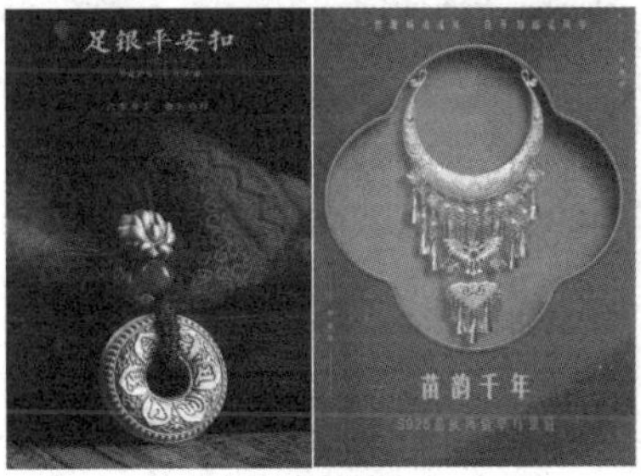

苗银广告

企业为学生优秀作品颁奖

图9－12　学生优秀作品

二是授课班级学生艺术修养与文化创意能力同步提升。近3年学生参与全国大学生广告艺术大赛，荣获一等奖等奖项共5次。

三是授课班级学生责任感和使命感明显增强。调查显示，学生课后主动参与铜官窑、群力村红色旅游在线宣传达到92%，助力长沙区域经济在后疫情时代的持续增长。

四是授课班级学生对中国传统文化的关注和热爱程度有了明显提高。大数据分析显示，学生在各在线平台的行为数据发生明显变化的占比达92%（图9－13）。

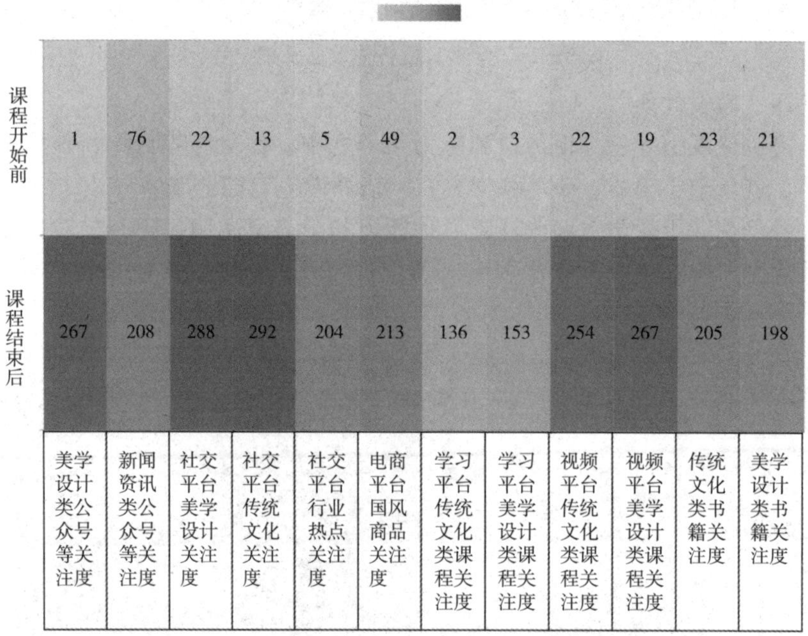

热力图（学生在各平台对传统文化、美学设计、行业热点、时事政治的关注度）

学生行为数据词云分析——课程开始前　　学生行为数据词云分析——课程开始后

图9－13　学生在各在线平台行为数据变化图

五是授课班级学生入党积极性显著提升，踊跃提交入党申请书的学生比例达80%。

六是授课班级学生满意度达95%，获同行赞赏、督导肯定。

五、特色创新

一是优化课程目标，以文化人、以美育人、以艺益德，将美育教学、德育教育与中国传统文化教育融为“一体”。

二是重构教学内容，将文化自信大事，乡村振兴国事、红色旅游故事等与学习任务融为“一体”。

三是创新教学模式，学而思、思而践、践而悟，将学、思、践、悟融为“一体”。

四是创新教学评价，利用大数据分析工具，将学生日常行为数据的分析与思政内化于心的评价融为“一体”。

第三节　“商品信息采集与处理”课程思政案例

一、基本信息

“商品信息采集与处理”是电子商务专业的一门专业核心必修课，旨在培养美工设计类的技术技能型人才，开设在一年级第一学期，总课时为56课时，共四个学分。如图9－14所示，本课程内容模块化，每个模块均包含教学内容、教学设计、项目任务、考核标准，由不同教师承担。

任务模块	模块主要内容
项目一：日用品类商品信息采集与处理	日用品拍摄和图片基本处理
项目二：玻璃金属类商品信息采集与处理	玻璃类商品拍摄、金属类商品拍摄和图片特效处理
项目三：皮具类商品信息采集与处理	皮具类商品拍摄和轮播图、海报制作
项目四：服装类商品信息采集与处理	服装拍摄和商品主图、主图短视频以及详情面制作

图9－14　模块化课程内容

二、总体设计

（一）设计思路

根据学校办学定位，结合电子商务专业的美工设计类工作岗位的人才培养目标，以商品信息采集为切入点，在完成各个项目任务的过程中，在增强学生文化自信的基础上，培养学生认识美、感受美、鉴赏美、表现美以及创造美的能力，提高他们美的素养，同时要求他们严守规范意识，秉承工匠精神。

（二）课程目标

依据专业人才培养方案及企业典型工作任务，对标岗位要求、课程标准，融入电子商务技能竞赛，融合“1+X”网店运营推广证书标准，确立教学目标，如图 9－15 所示。

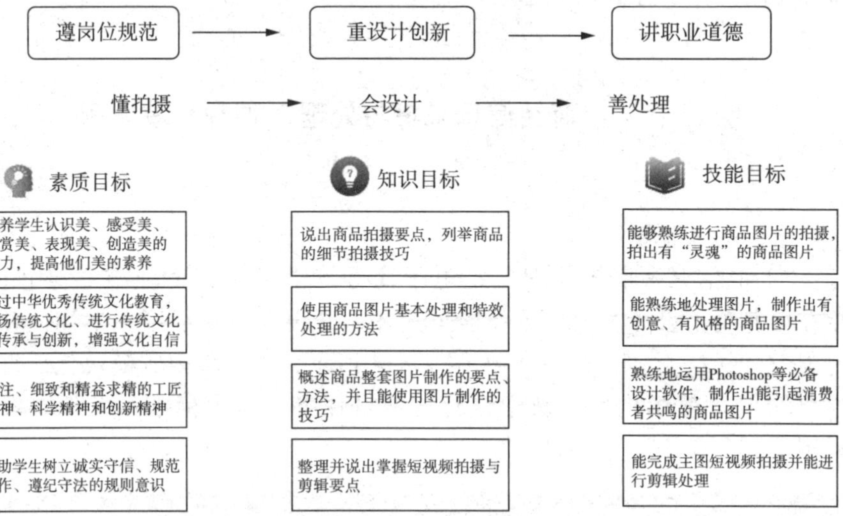

图 9－15　课程目标

（三）课程内容

根据教学目标，基于国家专业教学标准、电子商务师职业标准、“1+X”网店运营推广证书标准，结合企业典型工作任务，融入电商行业新技术、新规范，按照由易到难，有单一到复杂的认知规律，将教学内容重构为日用品类、玻璃金属类、皮具类、服装类商品信息采集与处理等 4 个项目，具体如图 9－16 所示。

结合人才培养方案与工作岗位的用人要求，从教学内容与课程设计中挖掘相应的思政元素，具体框架如图 9－17 所示。

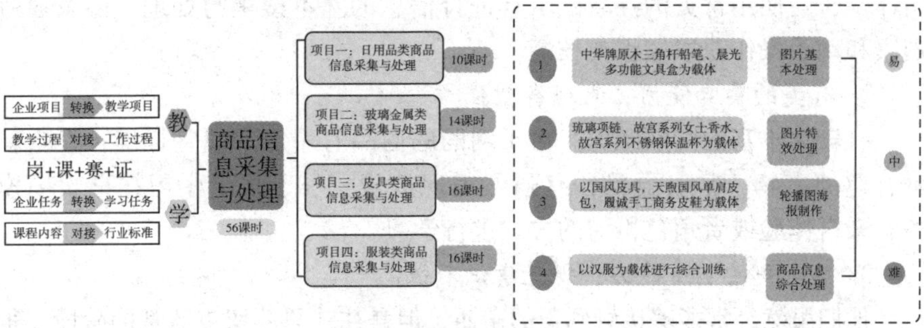

图 9－16　课程内容

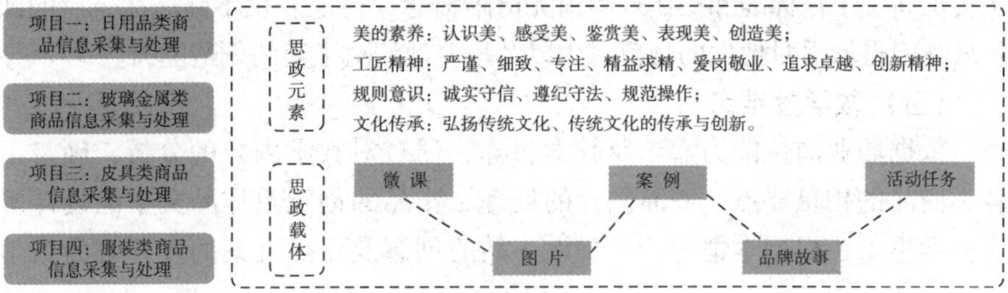

图 9－17　思政框架图

本着以学生为主体、以能力为本位的教学理念，通过校企深度融合引入的企业真实项目，构建企业工作环境，综合运用“六步法”、情景教学法、任务驱动法、小组探究法等教学方法，结合自行开发（或者校企合作的资源包）的动画、融入智能 AI 软件（美学评分软件）等资源，运用线上线下混合式教学模式帮助学生主动建构知识，培养学生自主学习、规范操作的意识，培养精益求精等的职业精神，实现教学目标，如图 9－18 所示。

项目	日用品类商品信息采集与处理	玻璃金属类商品信息采集与处理	皮具类商品信息采集与处理	服装类商品信息采集与处理
线上资源	微课、学习手册、任务工单、企业导师、视频、素材、在线题库、省级财经商贸群专业资源库			
线下资源	商品信息采集实训室、财盈通科技有限公司、主旋律传媒有限公司、企业导师、汉制/唐制/宋制/明制服饰配饰道具			

图 9－18　课程资源

（四）学情分析

1. 信息素养有一定基础

作为“00 后”的新生一代，大一新生对电子商务有初步认知和实际使用体验、会使用常见的互联网工具进行信息的基本搜集与处理，愿意通过观察和动手操作获取知识与技能。

2. 有美的鉴赏能力，表现欲望强

有较为丰富的网购经历，对于网购的商品有一定的鉴赏标准；喜欢新鲜有趣的事物，富有自信，有强烈表现欲望，乐于线上学习，喜欢用模仿、亲自体验或者角色扮演的方式进行学习。

3. 缺乏美的创造能力，规范意识不强

他们虽然经常能够接触到美的东西，但是往往只停留在欣赏的阶段，很少有独立去创造的机会或者想法。另外，学生由于缺乏真实的职业体验，对于美工岗位工作标准和操作规程尚无清晰概念，规范意识不强。在今后的课程教学中得增强对他们的规范意识以及培养他们对于美的创造能力。

（五）教学重难点

依据职业岗位能力需求及教学目标，通过对教学内容的分析，确定了各类商品的拍摄要点、商品图片的处理、作品的创意及作品文案的设计等为教学重点；根据学情分析，预设作品的创意及作品文案的设计等为教学难点。

（六）教学策略

基于 OBE 教学理念，以企业全真任务驱动教学；基于学习者中心理论，构建“以学生为中心”的课堂生态，实施云上课堂、实训课堂、户外课堂和企业导师、教师导师及学生导师的“三课堂+三导师”教学策略；通过校企深度融合引入的企业真实项目，构建全真企业工作环境，提升学生的职业真实感和体验感。

1. 课程教学方法

本课程按照“课前学、课中练、课后升”三个步骤，有机融入思政元素，结合教学情境设计教学方法，具体运用了项目教学、任务驱动、知识讲授、现场演示、情景教学、案例分析、头脑风暴、角色扮演、分组教学、团队协作、合作学习等教学手段。

2. 课程思政融合手段

一是依托文化产品以及其背后蕴含的民族精神，引导学生传承中华民族优秀文化传统，树立文化自信；二是将电商职业素养融入课堂，明确工作规范，同时培养学生团结协作、爱岗敬业和诚信严谨的职业精神；三是在实践工作过程中，引导学生耐心细致、一丝不苟地完成工作任务，培养学生精益求精的工匠精神；四是通过作品的制作与创作，鼓励学生敢于表达思想，展示自我，培养学生美的素养以及创新精神。

三、教学实施

以项目四为例，本项目以汉服为载体进行服装类商品信息的采集与处理，通过“课前学—课中练—课后升”三大环节来组织教学实施。

(一) 课前学

在“课前学”环节，教师依托智课堂发布课前学习任务和资源，学生完成课前学习、探究和互动，教师根据学生课前任务完成情况以及学生信息反馈，及时调整教学策略并优化教学设计，如图 9－19 所示。

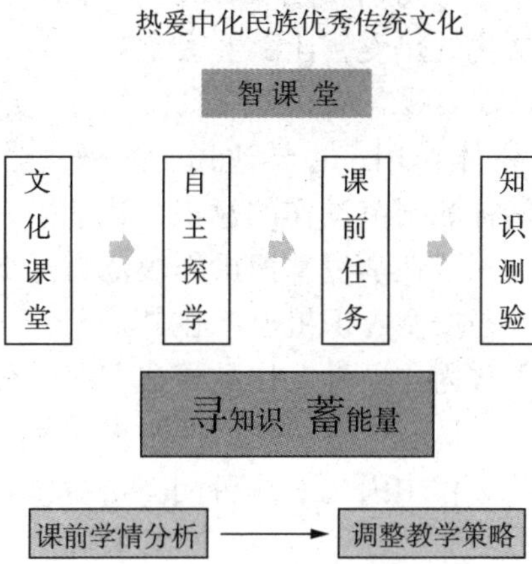

图 9－19　实施流程图—课前学

(二) 课中练

本项目所有任务课中均采用“引、析、践、优、竞、拔”六步教学法，如图 9－20 所示。

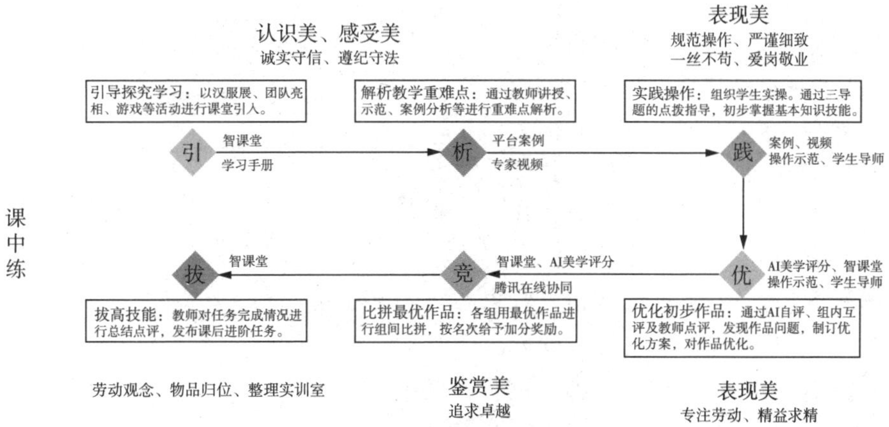

图 9－20　实施流程图—课中练

(1)“引”——思政引入。以案例、图片与短视频赏析、汉服秀、团队亮相、游戏等活动进行课堂引入，让学生主动参与课堂中来，培养学生自主学习和沟通表达的能力。同时将思政元素引入课堂，增强学生对传统文化的认同感和自豪感，让学生认识美。

(2)“析”——思政挖掘。教师通过讲授、示范、案例分析等为学生答疑解惑，进行重难点解析，并充分挖掘知识中蕴含的思政元素。以汉服的室内拍摄为例，教师结合汉服的特质，对衣领、袖口、材质、绣花工艺等的拍摄要点进行讲解，使学生对中华民族优秀的传统文化有进一步了解，培养学生对传统文化的热爱，让学生感受美。

(3)“践”——思政实践。依托企业真实任务，组织学生实操。在实操过程中，突出学生主体作用，边学边做、边做边学，培养学生规范操作、严谨细致的工匠精神和规范操作的意识，让学生表现美。以汉服的室内拍摄为例，教师通过示范让学生掌握操作规范与标准，学生通过实操进一步强化，使规范意识与安全意识植根于心中。

(4)“优”——思政内化。针对作品中存在的问题，各组制订优化方案，对作品再次优化。团队成员对优化后的个人作品实施组内互评，选出组内最优作品。在优化过程中强化专注劳动、精益求精的工匠精神，让学生表现美。

(5)“竞”——思政强化。每个团队派代表对组内选出的最优作品进行展示和精彩比拼，最终选出全班最优作品进行奖励。磨炼学生操作技能的同时，激励学生进取和奋进，培养学生追求卓越的工匠精神，让学生鉴赏美。以汉服的主图制作为例，主图制作完成后，各组将作品上传到教学平台进行组间PK，培养学生的竞争意识和拼搏奋进的精神。

(6)“拔”——思政固化。教师对学生任务完成情况进行总结，提炼思政要点。做好实训室6S管理，物品归位，清洁整理。

(三) 课后升

课后升环节中以分层的任务，培养学生举一反三和自主探究能力，锤炼精益求精、开拓创新的工匠精神，在任务完成的过程中让学生创造美，如图9-21所示。

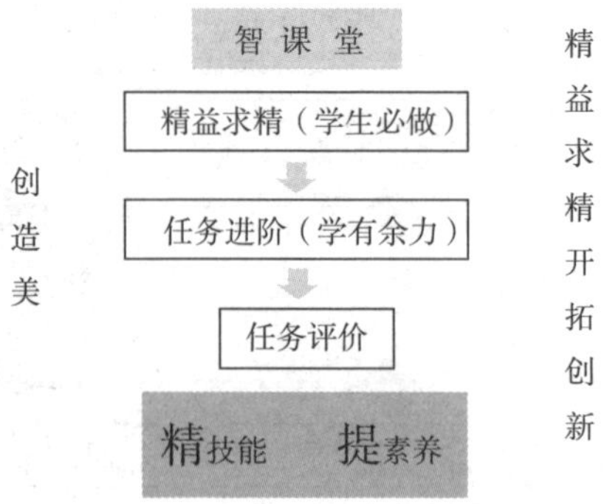

图9-21　实施流程图——课后升

四、课程评价

课程突出对课堂教学育人功能的动态性评价，严格落实培养目标和培养规格要求，采用全过程考核，将素质目标、知识目标和能力目标考核相互融合，强化学生思政素养的考核。考核点主要集中在学习过程中的课堂纪律、操作规范、6S 管理、团队合作及作品呈现等，见表 9－8 所列。

表 9－8　考核体系

课程环节	考核类型	考核内容	考核评价要素	考核点分值	环节分值
课前学	课前任务	微课学习	平台中的学习进度	5 分	20 分
		课前测验	根据测验结果，平台自动打分	5 分	
		课前准备	根据教学平台中的学习手册、课程资源等综合学习进度，平台自动打分	10 分	
课中练	团队考核	6S 管理	能否遵守任务要求、6S 管理	5 分	20 分
		团队协作	团队协作	5 分	
		团队作品	作品完成质量	10 分	
	个人考核	学习态度	是否遵守纪律、能否积极主动完成任务、能否遵守任务要求、符合操作规范与标准等	5 分	45 分
		岗位技能	学习导师对团队成员岗位履职情况进行评价	10 分	
		个人作品	教师对作品完整度，美观度以及整体美感进行评价	30 分	
课后升	精益求精	个人作品	根据教师总结与提升要求，学生再次优化作品；教师主要针对作品的整体美感及创新性作出评价	15 分	15 分
	任务进阶	进阶作品	学生领取任务，根据作品完成程度和质量进行评分	10 分	奖励加分 10 分

五、特色与创新

一是依托国有品牌的成长故事及其背后蕴含的民族精神，引导学生传承中华民族优秀传统文化，树立文化自信；二是通过作品的制作与创作，鼓励学生敢于表达思想，展示自我，培养学生的开拓创新精神；三是将电商职业素养融入课堂，明确工作规范，培养学生团结协作、爱岗敬业和诚信严谨的职业精神的同时，引导学生耐心细致、一丝不苟地完成工作任务，培养学生精益求精的工匠精神；四是在完成每个工作任务的过程中，结合任务的标准要求，帮助学生不断地塑造美的理想、美的情操、美的品格、美的素养。

二是以学生为中心设计思政内容；以“课前学—课中练—课后升”翻转课堂的形式实现育人效果；任务载体源于生活，知识与实践并行，课程内容与职业标准对接，提高学生的学习热情，从而实现思政教育的效果，如图 9－22 所示。

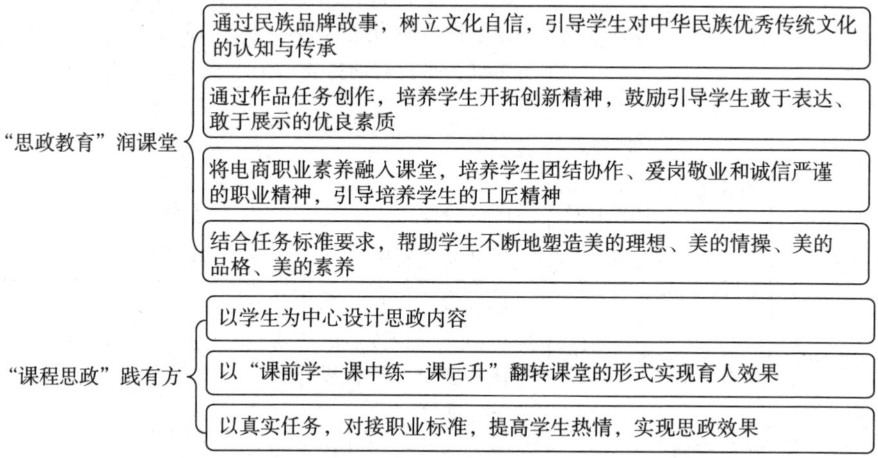

图 9－22　特色与创新

第四节　“消费者行为学”课程思政案例

一、课程信息

（一）基本信息

课程名称：消费者行为学

课程类型：专业拓展课

所属专业：电子商务

课程学时：40

课程学分：2. 5

（二）课程性质

“消费者行为学”是电子商务专业的专业拓展课，是一门建立在市场营销学、行为科学及管理学等学科基础之上的课程，课程32学时，2学分，面向大二学生开设。

（三）课程任务

本课程基于“立德树人”教育目标和“两性一度”金课标准，以学生为中心，帮助学生达成知识、能力和素质的全面提升，尤其是让学生接受课程思政教育，在理想、信念、价值观等方面更加端正，提高人文素养、创新精神和合作能力，努力探索未来发展方向。

二、总体设计

（一）设计思路

“消费者行为学”课程立足于消费者行为学课程的教学大纲和课程目标，打造“内外驱动、四维一体”的德融教学体系，从而将思政、德育元素有机融入专业教学。

“内外驱动”一是指引导、激发出学生的内生动力；二是给学生施加积极、适当的外部驱力，从而形成合力的影响。习总书记说过，“要坚持把立德树人作为中心环节，把思想政治工作贯彻教育教学全过程”。因此在专业课中融入思政教育尤为重要，通过内外驱动，帮助同学们建立正确的认知、倾听内在的声音，推动他们主动学习、不断前进。

“四维一体”是指构建融入思政、德育元素的教学体系。本课程基于社会主义核心价值观和中华民族优秀传统文化，从理想信念教育（包括爱党、爱国、中国梦）、心理品质教育（包括核心价值观、思辨精神、良善）、道德法制教育（包括孝道、遵纪守法、诚信、社会公德）和努力奋斗教育（吃苦耐劳、奋斗）这样四个主要维度、十二个重要方向，通过数十处思政、德育元素的融入点，贯穿于“消费者行为学”的三大板块、十四章教学当中，构建起整门课程的内容体系，

（二）思政、德育融入内容体系

思政、德育融入点见表9－9至9－22所列。

表9－9 第1章“导论”思政、德育融入内容体系

章节名称	思政、德育融入点
消费者与消费者行为	通过华为“让世界充满爱”的温暖人心的故事，突出情感营销的作用，并将营销与消费者联系在一起；通过网易考拉全球工厂店传承匠人精神的案例，突出“坚守民族情怀，传承中华匠心”的精神

（续表）

章节名称	思政、德育融入点
研究消费者行为的意义	研究消费者行为旨在指导营销实践，而好的营销宣传，不仅对企业意义重大，对国家、政党也具有重要价值。播放2011年我国在纽约时代广场投放的《中国国家形象片》，激发同学们的民族自豪感和自信心，也让同学们感受到袁隆平、杨利伟这些优秀中华儿女的事迹和人格魅力，鼓励大家努力学习、创造价值；引入正确的消费观念，引导大学生量入为出、理性消费，继承和发扬勤俭节约、艰苦奋斗的优良民族文化传统

表9－10　第2章“问题认识与信息搜集”　思政、德育融入内容体系

章节名称	思政、德育融入点
消费者决策类型	通过支付宝广告用情怀、用善意，传递了社会正能量，消费者决策引发了受众的共鸣，加深了大家对品牌的喜爱和忠诚，以此来总结三种消费者决策类型，并引出品牌忠诚度概念
问题认识	通过淘宝推出亲情账号、中国移动“过年回家，少看手机，多看爸妈”这类暖心的营销案例，探讨如何有效发挥营销的感召作用，激发受众对问题的认识；通过电影《我不是药神》引发人们对健康保险的关注和购买，辅助讲解问题认识这一重要知识点
信息搜集	通过讲述冲动性购买原理，引导大学生应理性消费、体谅父母、树立正确的三观

表9－11　第3章“评价购买”　思政、德育融入内容体系

章节名称	思政、德育融入点
购前评价	通过意尔康的品牌广告，以“脚步”为切入点，将其与品牌产品进行强势关联，微小故事中流露出来的不平凡精神与感动，进而不断升华小家到大国、小爱到大爱这一核心内涵，最终在消费者心智中植入更深刻的品牌印象

（续表）

章节名称	思政、德育融入点
购买过程	通过中国女排前队长惠若琪的《一颗女排的心》商业广告片，引入消费者对一个品牌的支持态度是怎样投射过来的，介绍如何通过营销，使消费者选择和购买一个产品或品牌。进而解释为什么中国人对郎平指导和女排队员有强烈的认同感，介绍在困难险阻面前，不屈不挠、顽强拼搏的“女排精神”，并将之升华，体现中国精神

表 9－12　第 4 章“购后行为”　思政、德育融入内容体系

章节名称	思政、德育融入点
消费者满意与不满	解决顾客不满，海底捞做出了有力的示范，主动承认错误，赢得谅解，从而将“知错就改，善莫大焉”体现得淋漓尽致；现实中一些企业忽视法律和职业道德，不顾顾客与社会的利益，课堂上讨论三鹿奶粉三聚氰胺等事件，带领学生思考企业该如何树立正确的营销观念，个人该承担哪些社会责任、树立职业道德
品牌忠诚	通过农夫山泉 20 年坚持靠品质维系顾客对品牌的忠诚度的案例，引申出对规则、细节的默默坚持和高标准的要求，对企业、品牌，乃至对人的发展都是至关重要的

表 9－13　第 5 章“消费者的资源”　思政、德育融入内容体系

章节名称	思政、德育融入点
消费者的经济来源	在讲解消费者的经济资源时，引入习总书记“中国的发展成就是中国人民用自己的双手创造的，是一代又一代中国人顽强拼搏、接力奋斗创造的”重要理念，引导同学们树立正确的财富观念
消费者的时间	通过方太水槽洗碗机广告，讲解方太与更多品牌一起，为妈妈创造更多的时间，实现妈妈的梦想，从而为顾客提供更高感知价值；外卖的兴起是因为帮助消费者节省时间，通过课堂辩论外卖小哥送餐迟到，顾客是否应该投诉这样的话题，建议同学们对他人、特别是对城市里辛苦打拼的劳动者多一分宽容和体谅，这是当今社会需要的公民素养

表9-14　第6章“消费者的购买动机”　思政、德育融入内容体系

章节名称	思政、德育融入点
消费者的需要与动机	新时代的消费者具有对安全、健康产品的消费需求，因此企业需要秉持环保、天然、健康的理念，诚信经营、造福消费者；运用好欢螺螺蛳粉的案例，讲解必须善用动机的学习性原理，换位思考，才能正确理解别人，实现有效沟通
早期动机理论	通过宝洁每逢奥运会推出的“Thank You Mum”广告案例，引入孩子对妈妈的本能依赖，辅助讲解本能说，同时也从亲情、感恩的角度，跟同学们聊聊父母、成长，建议同学们多给父母打电话、发微信，多关爱他们
现代动机理论	通过泰国人寿广告案例，传递善待他人的重要性，辅助讲解爱与归属的需要、自我实现的需要；通过对马斯洛需要层次理论的讲解，探讨人的高层次需要就是追求幸福、实现自身价值，进而引入习总书记“中国共产党人的初心和使命，就是为中国人民谋幸福，为中华民族谋复兴”这一重要理念
动机与营销策略	通过豪车、名贵时装等产品的营销案例，探讨奢侈品对年轻人的正反两方面的影响，引导同学们理性看待这些高档消费，不要在过度追求物质主义中迷失自我

表9-15　第7章“消费者的知觉”　思政、德育融入内容体系

章节名称	思政、德育融入点
消费者的知觉	对比中美两支百事可乐的广告引入知觉的基本认识；传统文化中盲人摸象典故辅助讲解知觉概念；以“校园贷”、某品牌侮辱中国的筷子文化等反面案例，辅助讲解知觉特性
消费者的知觉过程	通过农夫山泉西藏地区业务代表踏实奋斗的故事，讲解如何运用知觉的整体性来讲好品牌故事，同时引入习总书记“幸福都是奋斗出来的”重要理念；通过华为品牌建设的典型案例，讲解企业通过技术创新做出好的产品，通过营销宣传正能量，从而获得消费者的认同和忠诚，使品牌形象深入人心，实现了品牌梦、中国梦

表 9-16　第 8 章“消费者学习与记忆”　思政、德育融入内容体系

章节名称	思政、德育融入点
消费者学习概述	通过习总书记“青年人正处于学习的黄金时期，应该把学习作为首要任务，作为一种责任、一种精神追求、一种生活方式，树立梦想从学习开始、事业靠本领成就的观念，让勤奋学习成为青春远航的动力，让增长本领成为青春搏击的能量”的重要论述，辅助讲解如何掌握消费者的学习过程与记忆方法，进而根据其记忆做出有效营销策略
学习的基本特性	通过脑白金情感刺激的广告能使消费者印象深刻，讲解刺激的泛化和辨别，同时再结合 *Family* 引申对于家庭亲情、感恩意识的讨论，“00 后”年轻人、特别是有些男同学，平时与父亲交流较少，结合课堂调查，给同学们一些亲子之间沟通的建议
消费者记忆与遗忘	通过顾家家居“千万顾家，感恩中国”广告案例，讲解如何运用消费者记忆系统与机制进行怀旧营销，并据此引申，感召、深化同学们的家国情怀

表 9-17　第 9 章“消费者态度的形成与改变”　思政、德育融入内容体系

章节名称	思政、德育融入点
消费者态度概述	通过 999 感冒灵《总有人偷偷爱着你》的广告案例，致敬生活中那些平凡的小温暖，传递社会正能量，探讨人与人之间相互体谅、给予善意和支持的重要性，进而引出消费者态度的概念和内涵
消费者态度形成的理论	通过加多宝年度广告宣传片，介绍其“传承王泽邦清朝道光年间配方”这一成功秘诀，引入消费者态度形成的理论，进而渗透传承精神和匠人文化的重要性

表 9-18　第 10 章“消费者的个性、自我概念与生活方式”　思政、德育融入内容体系

章节名称	思政、德育融入点
消费者的个性	通过讲述乔布斯追求卓越、富有工匠精神从而成就苹果品牌个性的案例，引入个性相关概念；运用 Keep“怕，你就对了”广告案例辅助讲解品牌个性含义，通过 Keep“自律给我自由”的品牌主张，引导同学们培养持之以恒的自律、坚持、努力的精神

（续表）

章节名称	思政、德育融入点
消费者的自我概念	通过尼采的名言“每个人都有自己独特的个性，要正确认识自我”引入自我概念，带领同学们讨论如何对自己建立清醒的认知，以及如何发展思辨精神，进而讲解自我概念的类型、测量，自我概念与产品的象征性等内容
消费者的生活方式	通过与同学们讨论“现代人的生活方式”，进而讲述生活方式的测量以及 VALS 生活方式分类法，同时引领同学们思考自己理想的生活方式，以及达成目标需要的行动轨迹

表 9-19　第 11 章“文化与消费者购买行为”　思政、德育融入内容体系

章节名称	思政、德育融入点
文化概述	通过概述中华民族传统文化脉络及当前国家“一带一路”倡议，强化同学们对文化多样性和文化交流重要性的认识，辅助讲解文化的含义、特点以及亚文化
中国文化对消费者的影响	结合新中国成立 70 周年系列活动和师生共唱《歌唱祖国》快闪视频，引入同学们对于大国意识、国家情怀、民族自豪感的整体感知，进而讲解中国文化的形成基础、中国文化的主要特点，通过探讨中国式消费引出文化价值
消费者的文化价值观	通过探讨中国式消费引出文化价值观的含义与测量方式；通过可口可乐传递节约水资源的文化价值观阐述与消费相关的文化价值观；运用《致匠心》、大国工匠、海底捞案例和企业文化价值观与营销关系的讨论，辅助讲解文化价值观在营销中的运用

表 9-20　第 12 章“社会阶层与消费者购买行为”　思政、德育融入内容体系

章节名称	思政、德育融入点
社会阶层概述	利用招商银行番茄炒蛋的广告案例引出社会阶层概念，进而探讨家人的意义；通过《人民的名义》反腐实践案例，进一步说明社会文化的特征，以及社会阶层的决定因素

（续表）

章节名称	思政、德育融入点
社会阶层的划分	通过袁隆平院士勤俭节约的生活作风及“钱不是衡量地位身价的标尺”论断，引入两种划分方法：单一指标法、综合指标法
社会阶层与消费	揭秘校园贷骗局，提醒同学们避免过度炫耀性消费、保护好自己；通过老年人参加旅行团、购买保健品被骗案例讲解补偿性消费，进而提醒同学们多多关爱家里的老人、多给亲人普及知识，提高防范意识

表 9－21　第 13 章“社会群体与消费者购买行为”　思政、德育融入内容体系

章节名称	思政、德育融入点
社会群体概述	通过特仑苏“最好的 2019”广告中关于“更好地成长、更好地爱自己、更多的个体理应承担的社会责任”等方面的探讨，引出社会群体的概念及类型，进而带领同学们探讨一个人该具有什么样的社会公德、该承担什么样的社会责任
参照群体对购买行为的影响	通过科颜氏携手奥运冠军马龙为乡村留守儿童做公益的案例，讲解参照群体的类型及其影响方式，引出决定参照群体影响强度的因素及参照群体概念在营销中的运用
群体压力与从众	通过格力大松电饭煲广告中董明珠讲述“国人到国外哄抢电饭煲，是因为对中国造的产品信心不足”，引入从众心理及其原因，讲解影响从众的因素，进而延伸出对“中国制造 2025”规划、知困当自强、制造业兴国的讨论和思考

表 9－22　第 14 章“家庭与消费者购买行为”　思政、德育融入内容体系

章节名称	思政、德育融入点
家庭与住户	通过泰国保险广告中一位对女儿一诺千金的父亲的暖心故事，引入了家庭与住户的含义、家庭的功能等概念的讲解
家庭购买决策	通过飞鹤奶粉广告案例，探讨家人之间相互陪伴的重要性，辅助讲解家庭购买决策方式、影响家庭购买决策方式的因素，以及孩子在家庭购买决策中的作用

（三）教学模式

课程基于“以学生为中心”的课堂教学原则，注重学用结合，综合运用信息化等教学方法和手段，通过课前、课中和课后三个环节，由浅入深、逐层递进，使学生将前后知识融会贯通，在理解、消化、吸收的基础上达到灵活运用。具体是以 BOPPPS 模式来展开导入、前测、参与式学习、后测、总结拓展等各环节的教学，综合运用案例分析、小组讨论、情景模拟、辩论讨论等教学方法，使用视频、图片、音频、文字材料等辅助手段，将思政、德育元素有机融入课堂教学，避免生搬硬套，力求“春风化雨”。

（四）教学方法与手段

在本课程的德融课堂教学实施过程中，根据教学内容的不同，综合采用了多种教学方法，以提高德融课堂的教学质量。这些方法主要有：

1. 启发式教学法

本课程灵活运用启发式教学法，根据消费者行为学的教学目的、内容，结合学生的已有的知识、能力水平和认知能力，运用各种教学手段，采用启发诱导办法传授专业知识、培养专业技能，使学生能够更加积极主动地学习和思考，以促进学生身心全面发展。

2. 案例教学法

本课程广泛采用案例教学法，为了提高学生的学习兴趣，提高对课程相关知识点和技能点的理解能力，每一次课均会在课前用案例导入学习内容，在课中带着学生一起分析案例，并且会选用多层次、多维度的案例，提升学生辩证思维；同时会选用一些有德育案例，引导学生树立正确的价值观等。

3. 情景教学法

根据教学内容的特点，教学过程中会适当开展一些情景模拟训练，教师通过创设模拟情景，让学生身临其境地代入真实角色，能够发现问题、分析问题，并找到解决问题的方法。情景教学方法能够帮助学生提高学习效果、学习能力，更好地掌握各种专业技能，还能够帮助学生提高逻辑思维能力。

4. 讨论式教学法

教师课前根据教学内容创建的环环相扣、逐层递进的问题链，在课堂教学中设疑激趣，用问题链引导学生思考、讨论，能够培养学生的深度思考能力、思辨能力；同时，在师生讨论的碰撞中，逐渐加深对自身价值观的认知和道德素养的反省，让学生的行为规范得到进一步提升。

5. 换位授课法

课堂讲授环节，设置了小老师环节，师生互换进行换位授课，充分尊重学生表达自我、表现自我的诉求，尽可能激发学生的学习热情和学习积极性，让学生从被动获取知识，变成主动探索、思考知识，提高学生的学习能力、表达能力；同时，让学生不仅能从学的角度去接受新知，还要能从讲的角度去思考如何输出新知，如何让对方能听得更明白。

三、教学实施

（一）教学组织

教师在学习平台建立“消费者行为学学习社区”，构建线上和线下相结合的“学教并重”教学结构，和学生深入互动，建立良好的师生关系。学生 3 ~4 人分组完成任务，小组成员角色轮流互换，确保每一个学生都得到成长。

（二）教学过程

课程给予 BOPPPS 模式开展课堂教学，具体包含以下六个环节：导入、目标、前测、参与式学习、后测、总结拓展，推进现代信息技术在课程教学中的应用，改进课堂教学过程管理，提高课程思政元素、资源融入教学内容的水平。

例如在讲解第 7 章“消费者的知觉”部分，就有多处德育元素的自然融入。首先，教师使用传统文化中的盲人摸象典故，来阐释感觉和知觉这一组相对的概念；其次，在讲解知觉特性中的理解性时，会做这样的引申：今天是全球化时代，

企业做营销、做品牌，无法避免的就是东西方文化差异，文化天然地会有差异，正确的姿态应该是什么，应该是尊重，是尝试理解，是寻求适应对不对？如果不这样做呢？曾经某国外所谓奢侈品品牌侮辱我们的筷子文化，结果如何呢？中国人很生气，后果很严重，就像共青团中央微博上所说的那样：我们欢迎外国企业来华投资兴业，同时在华经营的外国企业也应当尊重中国，尊重中国人民，这是任何企业到其他国家投资兴业、开展合作最起码的遵循。类似这样自取其辱的反面事件，做营销时一定要牢记，要避免。最后，在这节课的理论应用环节，通过农夫山泉案例，来讲解企业如何根据知觉的整体性原理，通过讲好品牌故事推进品牌建设。农夫山泉在品牌形象宣传片里讲过一位普普通通、淳朴憨厚的业务代表的故事：这瓶水从长白山运到拉萨三千公里，最后一公里是这位尼玛多吉完成的。“标准门”事件后这位大哥说他二十多年第一次哭，心里着急，这其实是一种对自己企业的认同感、责任感和使命感。他可能并不是今天标准

意义上特别成功的人，没有挣多大的钱，没有多大的权，但是他说“我要给小孩做个榜样，爸爸的公司就是这样的，我也是大自然的搬运工”。这句话很朴素，但是很深刻，就像习总书记所说的“幸福都是奋斗出来的”，幸福感的获得可能最根本的不在于有多少钱，而是内心的安定和快乐，同学们通过努力学习、努力工作，未来就能撑起一个家，创造幸福生活。因为非常真实，让人认同，甚至有所感召，消费者也会对这种温暖产生好感，进而投射到农夫山泉这个品牌上，对这个品牌更加认同，这就是讲好品牌故事的价值。

四、课程评价

课程基于学习目标展开，主要目的是促进学生综合素质的提升和相关能力的培育，既利于学生学习、也利于教学活动的开展。评价内容要不仅要关注学生知识技能的掌握程度，更要重视学生解决实际问题的综合能力，同时关注学生的思想道德品质、日常行为、规范遵守等方面，兼顾学生的认知能力、创新发展能力与团队协作能力的发展。要明确评价方式的设计，不是为了给学生一个简单的分数，而是激发学生的学习兴趣，帮助教师及时调整教学策略，尽可能科学合理地安排教学内容与进程，促进学生综合素质的全面提升。结合过程考核（作业、小组课中分享、课程音视频、章节测验、访问数、提问与讨论、思想道德品质、日常行为、规范遵守）和结果考核（期末考查），对学生进行综合、全面考核。

五、教学效果

课程建设富有成效，教学质量评价优秀。从具体教学实践来看，课堂气氛热烈融洽，学生学习热情高涨，课程成绩得以提升，教学效果反馈理想。学生评教居全院课程前1%，学校评教居全校前列，课程教学得到了从学生到学校以及专家的一致认可。

“课程思政”建设成为学校典型案例。课程教师作为学校代表，在湖南省电子商务专委会课程思政教学研讨会上讲授示范课，赴兄弟院校举办讲座。

学生的认同度提高，同学们更加愿意与老师沟通交流。教师注重课堂内外通过多种途径与同学沟通交流，以平和、对等的姿态倾听同学的心声，适当引导和鼓励。有的同学在坚持打卡学习一百多天后说：“老师说过自律给我们自由，这是我二十多年来第一次每天坚持做一件事情，终于达成了目标。”有的同学在课后跟老师深聊他与父亲的种种过往，后来发微信说：“老师，今天还挺感谢你的，我已经很久没有这样说过话了。”老师对于学生而言，应该像是一种“港湾”的存在，或许无法直接赋予学生许多现实的东西，但我们可以倾听，可以在学生需要的时候，从老师这里获得温暖的慰藉和支持的力量。

六、特色创新

一是打造了“内外驱动、四维一体”的德融教学体系，将思政、德育元素有机融入专业教学。

二是实施了 BOPPPS 模式，避免了生搬硬套，力求“春风化雨”。

三是改革了评价方式，注重对学生的过程性考核和增值评价，科学有效地对课程的育人效果进行评价。

参考文献

［1］高德毅，宗爱东．从思政课程到课程思政：从战略高度构建高校思想政治教育课程体系［J］．中国高等教育，2017（1）：43-46.

［2］何红娟．“思政课程”到“课程思政”发展的内在逻辑及建构策略［J］．思想政治教育研究，2017，33（5）：60-64.

［3］王海威，王伯承．论高校课程思政的核心要义与实践路径［J］．学校党建与思想教育（下），2018（7）：32-34.

［4］成桂英．推动“课程思政”教学改革的三个着力点［J］．思想理论教育导刊，2018（9）：67-70.

［5］肖香龙，朱珠．“大思政”格局下课程思政的探索与实践［J］．思想理论教育导刊，2018（10）：133-135.

［6］罗仲尤，段丽，陈辉．高校专业课教师推进课程思政的实践逻辑［J］．思想理论教育导刊，2019（11）：138-143.

［7］田洪鋆．批判性思维视域下课程思政的教与学［M］．北京：法律出版社，2021.

［8］董尚文．课程思政教学研究［M］．武汉：华中科技大学出版社，2021.

［9］王焕良，马凤岗．课程思政——设计与实践［M］．北京：清华大学出版社，2021

［10］陈华栋等．课程思政：从理念到实践［M］．上海：上海交通大学出版社，2020

［11］鄢显俊．论高校“课程思政”的“思政元素”、实践误区及教育评估［J］．思想教育研究，2020（2）：88-92.

［12］万林艳，姚音竹．“思政课程”与“课程思政”教学内容的同向同行［J］．中国大学教学，2018（12）：52-55.

[13] 张驰，宋来．“课程思政”升级与深化的三维向度［J］．思想教育研究，2022（2）：93-99.

[14] 戚静．高校课程思政协同创新研究［D］．上海：上海师范大学，2020.

[15] 唐德海，李枭鹰，郭新伟．“课程思政”三问：本质、界域和实践［J］．现代教育管理，2020（10）：52-58.

[16] 王丹丹．职业教育“课程思政”研究现状与展望［J］．中国职业技术教育，2020（5）：46-51.